Valter Binaghi Giulio Mozzi

10 buoni motivi per essere cattolici

prefazione di Tullio Avoledo

LAURANA EDITORE

Qualche altro buon motivo per essere cattolici?

di *Tullio Avoledo*

Caro Giulio, caro Valter,
quando mi avete proposto di scrivere una prefazione a questo libro, la prima cosa che ho pensato è: "Sono matti".

Ve l'ho anche detto. "Siete matti".

Ma voi avete insistito...

Quindi eccomi qui. Poi non lagnatevi.

Mi ha colpito, leggere il vostro libro. A cominciare dal titolo.

Vedete, malgrado io sia stato battezzato e abbia seguito il *cursus* ortodosso di un cattolico (cresima, prima comunione, eccetera eccetera) faccio fatica a definirmi cattolico. Forse perché la mia nonna tedesca, che non ho mai conosciuta, era protestante. Da piccolo, ingenuamente, pensavo che essere protestanti volesse dire obiettare su ogni cosa, anche su quelle che tutti danno per scontate. Non per nulla, l'aggettivo che i miei superiori mi hanno sempre affibbiato, a scuola e sul lavoro, è *polemico*. In effetti la frase più bella che io abbia mai letto, quella che vorrei come epitaffio nel caso un giorno dovessi morire, è: *Etiamsi omnes, ego non.*

È tratta dal Vangelo di Matteo:

Et si omnes scandalizati fuerint in te ego numquam scandalizabor.

Sono (ahimè) le parole che l'apostolo Pietro pronuncia quando Gesù, prima di recarsi nell'orto del Getsemani, predice ai suoi discepoli che lo abbandoneranno. "Anche se tutti si scandalizzassero di te, io non mi scandalizzerò mai", proclama Pietro (e intanto il gallo si schiarisce l'ugola...).

La versione corrente della frase, quella più comunemente utilizzata, è *Etiamsi omnes, ego non.* Per la sua autobiografia, lo storico Joachim Fest ha scelto appunto il titolo *Ich nicht*, traduzione in tedesco di *Ego non.*

La citazione era scritta sull'ingresso della casa del barone Philipp von Boeselager, uno degli ufficiali che nel 1944 organizzò l'*Operation Walküre*, l'attentato – purtroppo fallito – alla vita di Hitler. L'espressione è diventata proverbiale, quasi uno slogan, per indicare il dissenso individuale rispetto a dittature o ingiustizie supportate dal consenso delle masse. Non a caso il 9 marzo 2010, durante il dibattito per l'approvazione della legge sul legittimo impedimento, le senatrici del Pd hanno indossato in aula magliette con quella scritta.

La parola latina *scandalizati* mi porta, come il bambino perso nel bosco delle favole, che cerca i sassolini bianchi sparsi lungo la strada, a un passo di San Paolo, nella prima Lettera ai Corinzi:

> *E mentre i Giudei chiedono i miracoli e i Greci cercano la sapienza, noi predichiamo Cristo crocifisso, scandalo per i Giudei, stoltezza per i pagani.*

Scandalo deriva dal greco *skàndalon*: intoppo, inciampo. Qualcosa che ci fa cadere (o meglio, di questi tempi, che *dovrebbe* far cadere...).

Viviamo in un'epoca di cosiddetti scandali, in cui niente, peraltro, sembra scandalizzare davvero. Scandali che non sono più inciampi, ma spezia e condimento delle nostre vite pettegole. È di questi giorni la notizia, riportata con clamore dai *media*, di una pornostar che a 23 anni ha deciso di lasciare il mondo del cinema a luci rosse. Normalmente, voglio dire in un mondo che ancora aspiri a passare per normale, dovremmo stupirci quando una ragazza bella e tutt'altro che stupida decide di debuttare a 18 anni sul set di un film *hard core*. Invece a fare notizia è il fatto che dopo cinque anni di "triple penetrazioni" e altre amenità del genere la ragazza torni alla vita normale. In un mondo fatto così, in questo mondo a rovescio, forse la croce di Cristo può davvero tornare a essere scandalo: intoppo, inciampo. Qualcosa che impedisce al genere umano di proseguire nella sempre più rapida discesa nell'abisso. Una voce che si leva nel deserto delle nostre città e pronuncia il suo *Ego non.*

Ultimamente sono diventato meno ostile riguardo a certe prese di posizione della Chiesa cattolica che un tempo mi facevano incazzare, e che ora invece comincio a considerare come degli *Ego non.*

Comincio a chiedermi perché la Chiesa sostenga cause apparentemente retrograde, perdenti a tavolino. Ho cominciato a pensare che l'apparente antimodernità della chiesa cattolica possa nascondere qualcosa di positivo. Mi ha messo per la prima volta la pulce nell'orecchio, tanti anni fa, la lettura di un classico della fantascienza, *L'undicesimo comandamento*, di Lester Del Rey. In questo bel romanzo, ancora godibilissimo a quasi cinquant'anni di distanza, dopo una rovinosa guerra nucleare la scismatica Chiesa Eclettica Americana ha aggiunto ai dieci comandamenti tradizionali un undicesimo (appunto) comandamento: "Moltiplicatevi senza limiti". In un mondo inquinato e impoverito, dove la radioattività dell'aria e della terra producono terribili mutazioni genetiche, un messaggio del genere sembrerebbe paradossale. Ma il lettore si rende presto conto che il disegno della Chiesa Eclettica Americana è fondamentale per la salvezza della specie umana. Il moltiplicarsi della vita serve infatti sia a favorire la selezione genetica naturale che a rafforzare, attraverso le difficoltà, i legami empatici tra le persone e la solidarietà sociale. Quello che sembra uno scandalo si rivela invece un progetto sensato, vitale.

In realtà la Chiesa cattolica è uno degli organismi viventi più antichi sulla faccia della Terra. Chi siamo noi per comprenderne le logiche, i progetti a lungo termine?

Ogni volta che la Chiesa cattolica prende fermamente posizione su qualcosa, quindi, oggi drizzo le orecchie, tentando di capire qual è il bene protetto, e qual è la vera finalità del *diktat* o dell'*ukaze* vaticano. Cerco di pensare come può pensare un'entità che vive da duemila anni, e che proietta il suo pensiero e i suoi progetti senza limiti di tempo, soprattutto i limiti di una vita umana. È una creatura affascinante, inquietante. Ne sento il richiamo e al tempo stesso ne vengo respinto. Per cui da anni non frequento la messa domenicale. Lo trovo, per inciso, un rito sciatto, svilito. Mi piacerebbe una chiesa come quella che lo scrittore canadese di fantascienza Gordon R. Dickson immaginò nel suo ciclo di romanzi noto come "Saga dei Dorsai". Una chiesa severa, i cui luoghi di culto non hanno un tetto, sono un semplice recinto di mura senza addobbi tranne una croce, e le messe vengono celebrate in piedi, sotto le intemperie.

Non ho mai sentito la presenza di Dio in San Pietro a Roma, o nella basilica di San Marco a Venezia. La sento invece quando prego sulla tomba di San Francesco ad Assisi, e in un altro luogo straordinario che è il museo paleocristiano di Aquileia, ricavato all'interno di un'antica basilica. Lì sono conservate lapidi e iscrizioni della chiesa aquileiese dei primi secoli. È commovente leggere le parole delicate con cui un genitore affidava la propria figlia a Dio, o vedere i disegni ingenui di quei primi cristiani: il Buon Pastore, i santi Pietro e Paolo, la colomba. Da piccolo, nelle storie che mi raccontava una vecchia prozia, ricorreva spesso il nome di uno di quei due apostoli. Nelle sue storie, tramandate da tempo immemorabile, Gesù e San Pietro percorrevano le strade del Friuli e compivano miracoli nelle nostre terre, a volte raddrizzando i torti e rendendo giustizia ai deboli. Dando voce, nelle parabole e nei detti che venivano loro attribuiti, a un popolo senza voce e senza storia.

Su quei racconti ascoltati da bambino, e sulle parole e nei rozzi simboli di Aquileia, io fondo il mio essere cristiano. In quello e nella memoria dei morti, di tutti i morti, primo fra tutti mio padre. La notte dopo il funerale, disteso nel mio letto, ho pensato al mio corpo come all'ago di una bussola, e la tomba di mio padre era il punto verso cui il mio corpo tendeva. Io credo con tutto il mio cuore che un giorno, alla fine del mio percorso terreno, lo troverò ad attendermi. La fisica ci insegna che la materia è apparenza, un momentaneo aggregato di atomi che un tempo erano materia stellare, e un giorno saranno altro. Lasciatemi pensare che questo mio corpo sia un passaggio transitorio, un bozzolo destinato a schiudersi, un giorno.

Questa è la mia religione. Un pugno chiuso, un piccolo guscio di noce. Mi basta.

Non ho sentito molte volte la presenza del Bene,

in vita mia. Ma a volte l'ho sentita. In mio padre, appunto, nei suoi occhi buoni. In una sua carezza. Nel modo gentile in cui mi aiutava a scavare la fossa per un gattino schiacciato da un'auto, quando avevo dieci anni.

Ho sentito più spesso la presenza del Male. Lo ricordo, lo vedo ancora in una vecchia foto apparsa su un giornale, negli anni Settanta. Raffigurava un ragazzo morto per un'overdose al Parco Lambro. La testa rovesciata sullo schienale della panchina, la bocca spalancata. Un vecchio prete accanto a lui gli somministra l'estrema unzione. La nebbia stagna tra gli alberi spogli, imperlati di rugiada. Una foto vecchia di quarant'anni.

Ho sentito la presenza del Male a Dachau.

L'ho sentita passando in treno per la stazione di Arcore, guardando i graffiti scuri e leggendo le scritte leghiste su un muro, in una giornata livida come un vecchio cinegiornale Luce.

Ho sentito la presenza del Male quando un politico, parlando degli sbarchi di clandestini a Lampedusa, ha detto: "Non possiamo spararagli. Non ancora."

L'ho sentita quando ho letto le parole di alcune ragazze coinvolte nello scandalo del "bunga bunga", quando parlavano del rito di baciare il fallo enorme di una statuetta, probabilmente un Priapo.

La sento ogni volta che vedo il vuoto negli occhi di un giovane.

Credo che il Male esista, e credo quindi esista anche il Bene. Qualcuno lo chiama Dio, ed è un nome che mi va benissimo, se non altro perché tante generazioni l'hanno usato, prima di me. A volte sono tentato dalle teorie gnostiche, ma in fondo credo che il miglior attrezzo mai inventato dall'umanità sia il Rasoio di Occam: *Entia non sunt multiplicanda praeter necessitatem.*

Pertanto credo in un Dio che è bene assoluto, e che dà senso e forza alle nostre vite. È il Dio di ogni uomo, ed è al tempo stesso solo mio. Di lui sono geloso.

Nel momento di maggior sconforto della mia vita, quando avevo meno di trent'anni, colpito da un grande dolore e cercando un rifugio dal Male ho aperto a caso la Bibbia, come facevano i nostri antenati, e i miei occhi hanno trovato il salmo 89.

Quella pagina porta ancora il segno delle mie lacrime:

Signore, tu sei stato per noi un rifugio
di generazione in generazione.

Prima che nascessero i monti
e la terra e il mondo fossero generati,
da sempre e per sempre tu sei, o Dio.

Tu fai ritornare l'uomo in polvere,
e dici: "Ritornate, figli dell'uomo".

Mille anni, ai tuoi occhi,
sono come il giorno di ieri che è passato,
come un turno di veglia nella notte.

E poi quella magnifica chiusa:

Insegnaci a contare i nostri giorni
e acquisteremo un cuore saggio.

Insegnaci a contare i nostri giorni…

Credo – semplicemente *non posso non credere* – nel Dio che ha ispirato queste parole. Mi piego come l'erba al suo soffio. Vivo nel suo respiro. Vorrei danzare come un derviscio di Kone, al suono del suo silenzio, che mi parla più delle mille voci del mondo quotidiano.

Un mito gnostico racconta che Dio un giorno ebbe pietà delle anime umane perse nel mondo, sedotte dal mondo, preda di desideri vani. Mandò un angelo sulla terra per richiamare le anime alla loro origine divina. Ma l'angelo tornò sconsolato, dicendo a Dio: *le ho chiamate, ma hanno tutte dimenticato il loro nome.*

Spero con tutto il mio cuore di sentire, un giorno, la voce di Dio che pronuncia il mio vero nome. Ancora non l'ho sentita, forse la sentirò solo l'ultimo giorno. Ma andrà bene anche così.

Il mio bisogno di Dio è quotidiano.

Per uno che raramente entra in una chiesa prego

spesso, ma lo faccio da solo, appena ne ho il tempo, o se sono impegnato in un'attività ripetitiva, che mi lascia libera la mente. Ho adorato i periodi in cui per mantenermi agli studi dovevo fare un lavoro manuale, perché mi lasciava un sacco di tempo per pensare. Allo stesso modo, quando ero piccolo, ero contento quando i miei mi dicevano di curare le erbacce dall'orto. Durante quelle ore in cui il mio corpo si irrobustiva al sole avevo tempo per pensare, per riflettere. Spesso pensavo anche alla religione. A quei tempi, parlo dei primi anni Settanta, la Chiesa era in pieno fermento postconciliare. Frequentavo l'Azione Cattolica, all'interno della quale mi attiravano soprattutto quei preti e quei ragazzi che si ispiravano alla teologia della liberazione e alle idee di Hélder Câmara, Leonardo Boff e Óscar Romero, alla poesia di Ernesto Cardenal e all'esperienza dei preti operai francesi e poi italiani. Ricordo un libro, che facevamo girare tra di noi, era una raccolta di pensieri e citazioni, una per ogni giorno dell'anno. Me ne ricordo una, forse era una poesia, anche se l'autore mi è passato di mente. Diceva ai borghesi: *come siete tristi. Guardandovi non si direbbe che Cristo è morto e risorto per voi.*

L'idea di un Cristo che sta dalla parte dei poveri si sposava benissimo con la figura di Gesù come l'avevo appresa dalle labbra di *gnagna Mitilde*, zia Matilde, quando ero bambino. Gesù e San Pietro che camminano per le strade del Friuli aiutando i poveri e umiliando i potenti.

Per questo non ho mai avuto troppa simpatia per il cardinale Ratzinger, sotto la cui guida, su incarico di papa Giovanni Paolo II, la Congregazione per la dottrina della fede prese in esame e condannò la teologia della liberazione. Oggi, come dicevo, sono un po' più tollerante (penso sia un dono dell'età): tendo, insomma, a concedere il beneficio del dubbio alla Chiesa.

Misteriose sono le vie del Signore…

Devo inoltre a papa Wojtyla tutta la mia gratitudine per tre semplici parole: "Non abbiate paura". Sono state quelle tre parole ad aiutarmi a vivere in un paese che non riconosco più, che non è più cristiano e forse non è nemmeno più un paese. Trent'anni di lavaggio del cervello ci hanno trasformato, cancellando secoli di cultura e di fede. Un personaggio mitologico dimenticato da millenni, Priapo, proietta la sua grottesca ombra nelle nostre notti. E intanto muoiono le ultime generazioni in grado di cogliere il nostro spaventoso mutamento. Muore lentamente la coscienza del Male. Veniamo inghiottiti dal magma che forgia un nuovo mondo, per me un mondo d'incubo ma per tanti una terra promessa.

I nostri morti…

Nella mia religione, in quella che chiamo la mia religione, c'è un rito quotidiano. Quando in auto passo davanti a uno di quei mazzi di fiori che segnano il luogo di un incidente stradale pronuncio un *L'eterno riposo* per quel morto anonimo. Parecchi anni fa, alla periferia di Pordenone, in un incidente morirono tre ragazzi. Da quella notte, qualcuno si premurava di portare sempre dei fiori freschi sul luogo dell'incidente. Così per anni, decenni. Un giorno non l'ha fatto più. L'ultimo mazzo di fiori è appassito, e poi è finito in polvere. Il sole, la pioggia, il passaggio delle auto ha ridotto in nulla la memoria visibile di quell'incidente. Ma io continuo a pregare per quei tre morti sconosciuti. Continuo a marcare con le mie preghiere quel punto. È il mio modo di pronunciare un atto di fede. Il tempo cancella quelle morti, e cancella le persone e il loro ricordo. Ma io le porto in me, anche senza conoscerle. Come porto in me mio padre, e i miei nonni, e le generazioni senza nome che ci hanno generato. L'età avanzata dei miei parenti mi porta purtroppo sempre più spesso a frequentare funerali. Ne ricordo uno. Era il 31 dicembre. La chiesa era gremita, ma se tendevi l'orecchio sentivi che molti parlavano di quello che avrebbero fatto quella sera, di come si sarebbero vestiti e dove sarebbero andati per il veglione. E la stessa omelia del sacerdote era incredibilmente frettolosa, oltre che del tutto priva di empatia. Penso che esista da qualche parte un prontuario di omelie preconfezionate, una specie di bignami a uso e consumo del clero. E poi c'era la fretta, i tempi accelerati della cerimonia. Era come se il morto andasse seppellito il più rapidamente possibile. Come se andasse rimosso. Quasi fosse diventato uno di quei rifiuti che conferiamo alla raccolta differenziata. Ma quando togli valore e dignità alla morte, quanta ne attribuisci alla vita? Quando in una foto vedi una folla di bagnanti ferragostani sulla riviera triestina continuare indifferenti a spalmarsi la crema, a mangiare gelati e fare il bagno accanto a un cadavere coperto da un asciugamano, quanto valore ha la *tua* vita? Se Gesù e San Pietro percorressero di nuovo le strade del Friuli penserebbero di essere finiti in una terra pagana, su cui regnano Lele Mora e il suo motto "Facciamo sempre festa e siamo sempre allegri". E come nel racconto di Poe *La maschera della Morte Rossa* passiamo il nostro tempo nella crapula mentre intorno a noi il mondo muore. Innalziamo recinti e barriere a imitazione di quelli che abbiamo eretto nei nostri cuori e nelle nostre menti.

È un mondo che non riconosco più. Pier Paolo Pasolini, con intuito profetico, ne aveva prefigurato l'avvento.

Ai miei tempi (e non sono nato nel Paleolitico) essere cattolici era normale. *Non* esserlo causava scandalo. Il mio Friuli era una terra profondamente cristiana. Trent'anni dopo, "il mondo si è girato a testa in giù", come dice un'antica ballata inglese che la banda reggimentale suonò durante la cerimonia di resa di lord Cornwallis a Yorktown e che da allora viene eseguita tradizionalmente quando le truppe britanniche lasciano una colonia:

Listen to me and you shall hear, news hath not been this thousand years:

since Herod, Caesar, and many more, you never heard the like before.
Holy-dayes are despis'd, new fashions are devis'd.
Old Christmas is kickt out of Town…

Holy-dayes are despis'd, new fashions are devis'd…

Una volta, quando un giornale mi ha chiesto quali altri culti, oltre a quello cattolico, fossero i più diffusi in Friuli, ho risposto: "Il ciclismo e l'adorazione dei televisori a schermo piatto negli ipermercati". Venne presa come una battuta, ma non lo era.

Davvero il mondo si è girato a testa in giù.

La religione, come la filosofia, sono oggi "roba da sfigati". Molti si vergognano di essere cristiani. Anni fa, durante un viaggio in Venezuela, trovavo curioso che il mio autista si facesse il segno della croce ogni volta che passavamo davanti a una chiesa. Per lui era normale. Magari adesso non lo è più. Io continuo a pregare come facevano i miei padri. Spesso, se ne sento il bisogno, lo faccio anche camminando per strada, in mezzo alla gente. Prego a mente, e quando inizio e finisco vorrei farmi il segno della croce. Ma lo faccio di nascosto. Come i cristiani perseguitati dagli imperatori romani, che avevano inventato diversi modi di farsi il segno della croce in pubblico senza essere scoperti. Spezzavano, ad esempio, il segno in vari momenti, toccandosi ora la fronte, e dopo qualche tempo il cuore, e poi la spalla sinistra…

Oppure, all'opposto, lo facevano in modo ultraveloce.

Così, mi dicono, i sommergibili nucleari che tuttora navigano sotto i mari del pianeta coi loro carichi di missili, per comunicare con i loro comandi usano segnali lentissimi, così lenti da essere scambiati per canti di balene, o al contrario segnali rapidissimi, un *blip* della durata di una frazione di secondo nel quale sono compattati messaggi lunghissimi.

Mi sono spesso chiesto perché mi vergogno di mostrarmi cristiano.

Per ragionare su questo devo citare un altro autore di fantascienza. Perdonami Giulio, perdonami Valter. D'altra parte, ha detto Borges, "la religione è un ramo della letteratura fantastica"…

L'autore è il povero Philip K. Dick, che negli ultimi anni della sua vita caratterizzata da infinite sregolatezze (non ultime le sperimentazioni con le droghe) ha lavorato a un'opera monumentale, di quasi ottomila pagine, nota al pubblico come *Esegesi*, in cui ha esposto la sua visione, di matrice gnostica, del mondo. Una delle visioni, o rivelazioni, dickiane che più mi hanno impressionato è quella per cui il mondo che percepiamo sarebbe solo un'illusione. Le auto, gli aerei, i computer e tutto il resto non esistono. Noi vivremmo in realtà nel III secolo dopo Cristo, mentre è in corso una persecuzione contro i cristiani. Solo a tratti abbiamo la percezione del mondo reale, del mondo vero. Così comunichiamo di nascosto, per segnali e per simboli, il nostro appartenere alla fede perseguitata.

Dentro di me (Occam, aiutami!) so che dovrei considerare assurda un'idea simile. Eppure esercita su di me un richiamo irresistibile. Davvero, viviamo in un'epoca pagana. Una statuetta di Priapo appare nelle cronache giornalistiche del 2011. È una bizzarria o un segno?

Le guerre non vengono più dichiarate, i massacri passano sotto silenzio. Le immagini, il clamore delle notizie, ci passano attraverso, mentre vanno a disperdersi nello spazio cosmico. Viviamo in un continuo cicaleccio, in un rumore di fondo fatto di stupidaggini. Qualcuno cerca di ingannarci, di farci credere che non siamo cristiani.

Perché?

Perché un cristiano non ha paura. E questo mondo è dominato dalla paura. Mille paure forgiano gli anelli invisibili delle nostre catene. Paura del diverso, paura dello straniero, paura dell'aria che respiriamo. L'Apocalisse è diventata la cifra del futuro.

Ma *apocalisse*, in greco, vuol dire *rivelazione*. In inglese, il libro dell'Apocalisse di Giovanni si intitola *The Book of Revelations*.

Per un cristiano l'Apocalisse non è l'Armageddon. Non è la fine del mondo.

Un cristiano, pensando al futuro, ripete – o dovrebbe ripetere – dentro di sé e al mondo le parole dell'apostolo Pietro:

Secondo le promesse
noi aspettiamo nuovi cieli
e una terra nuova
nei quali avrà stabile
dimora la giustizia.

Essere cristiani vuol dire anche, e soprattutto, combattere il Male. Dentro di noi come fuori di noi. Padre Kolbe o Salvo D'Acquisto che danno la loro vita per degli sconosciuti sono *skàndalon* agli occhi del mondo. E così Hans e Sophie Scholl e gli altri ragazzi della Rosa Bianca, e il pastore Dietrich Bonhoeffer, anch'egli martire sotto Hitler, che in un suo libro scrisse:

Un bambino impara a parlare perché i genitori gli parlano. Il bambino apprende la lingua dei suoi genitori. Allo stesso modo impariamo a parlare a Dio perché Dio ci ha parlato, e tuttora ci parla. Ripetendo le parole di Dio, noi cominciamo a pregarlo. Noi dobbiamo parlare a Dio, e Dio vuole sentirci, non nel falso e confuso linguaggio del cuore ma nella chiara e pura lingua con cui Lui ci ha parlato in Gesù Cristo.

Che distanza tra parole come questa e il chiacchericcio inutile che ci avvolge ogni giorno. E che bellezza, leggere il vostro libro.

Alla fine di questa lunga e sconclusionata premessa che avete avuto il coraggio di chiedermi propongo a voi e ai vostri lettori quella che secondo me è l'undicesima buona ragione per essere cristiani cattolici.

Katholikòs in greco significa *universale*. La fede supera ogni distinzione di ricchezza, o di razza, chiamando ogni essere umano col suo vero nome, il nome che Dio gli ha dato.

Una delle lapidi del museo paleocristiano di Aquileia che più mi hanno colpito è quella su cui è inciso questo epitaffio:

HIC IACET RESTVTVS PELEGER IN PACE FIDELIS
EX AFRICA VENIT VT ISTAM VRBEM VIDERET...

Qui giace, in pace, il forestiero Restutus, *battezzato.*
Era venuto dall'Africa per vedere questa città.
Ma questa terra volle avere il suo corpo.
Da qui egli desiderava tornare là dove era nato;
ciò tanto più fu crudele, poiché non poté rivedere nessuno dei suoi.
Qui però aveva trovato molto di più che non i propri genitori.
Ormai non più forestiero com'era venuto,
così da essere considerato come uno di noi.

La pietra su cui sono incise queste parole parla ancora al mio cuore.

Perciò non mi sento forestiero in questo libro.

Un abbraccio fraterno, e un grazie

Tullio
Pordenone, 10 maggio 2011

10 buoni motivi per essere cattolici

0.
Intro

Negli ultimi anni abbiamo assistito a un impressionante dilagare di pubblicistica dedicata alla religione cristiana cattolica. Un modo sicuro per fare cassa sembra essere quello di pubblicare libri che spieghino le malefatte della religione (e della Chiesa) cristiana cattolica; o, al contrario, che ne difendano a spada tratta la dottrina e le pratiche.

In realtà a noi sembra che oggi, in Italia, la religione cristiana cattolica sia una religione quasi sconosciuta. Il dibattito pubblico – sia quello nei giornali, sia quello al bar – si sfoga a commentare le cautissime prese di posizione della gerarchia pro o contro le politiche dell'attuale governo, o a rivangare interminabili discussioni attorno alla morale sessuale, o a raccontare la storia di qualche prete abbastanza bizzarro – nel bene o nel male – da far notizia. Ma la religione cristiana cattolica è tutt'altra cosa.

È, prima di tutto, una narrazione: un insieme, un coacervo di narrazioni. È una storia d'amore difficile e contrastata – come tutte le storie d'amore – tra un creatore e le sue creature. È la storia di un'attesa della fine. È la storia di un Dio che contempla con meraviglia gli umani, e decide di sperimentare egli stesso il loro grande mistero, a lui sconosciuto: la vita nella carne e la morte.

È, insomma, la religione cristiana cattolica, un immaginario. Che può essere tenuto per vero o per, appunto, puramente immaginario: ma un immaginario è. Abbastanza vasto, grandioso e contraddittorio da "prendere" ancor oggi milioni di persone, da affascinare o intrigare artisti, narratori, cinematografari. E inoltre è, la religione cristiana cattolica, un'eterna liturgia: ossia un perpetuo rinnovare e inserire nel presente della storia e della vita, per mezzo della ripetizione rituale, gli eventi narrati dall'immaginario.

In questo libretto abbiamo tentato di presentare dieci componenti fondamentali dell'immaginario cristiano cattolico, che è nutrimento della nostra vita e del nostro pensiero. Non pretendiamo che l'essenza del cattolicesimo stia tutta in queste poche pagine, ma speriamo che chi lo leggerà capirà che il cristiano cattolico non è – per dire – una persona che ha dei problemi con i preservativi, ma una persona che aspetta con viva speranza la fine del mondo. Non abbiamo voluto scrivere un ennesimo catechismo conformistico o alternativo. Non abbiamo voluto né compiacere la gerarchia né dispiacere a essa.

Abbiamo voluto piuttosto mostrare qualcosa di cui ogni giorno noi due facciamo esperienza: che l'essere cristiani cattolici sembra essere oggi, in Italia, la più radicale *diversità* sperimentabile.

Ciascuno dei dieci capitoli è composto di due parti. La prima scritta da Giulio Mozzi, la seconda (dopo i tre asterischi) scritta da Valter Binaghi. La differenza tra i due compiti che ci siamo assegnati risulterà evidente.

1.
Perché questo mondo è stato creato

Un primo buon motivo per essere cristiani cattolici è che è bello immaginare che questo mondo sia stato creato, e creato da un qualcuno che posso immaginare come una persona; un qualcuno al quale io, che sono una persona, posso immaginare di somigliare; con il quale posso immaginare di parlare; con il quale posso immaginare di avere una storia.

Certo: non c'è traccia di un creatore, in ciò che gli scienziati scoprono. E, certo: non serve a nulla dire che, in fondo, se tutto nasce da un gran botto – il Big Bang –, questo gran botto dovrà comunque essere stato un gran botto di qualcosa, e che prima del momento del gran botto che ha cambiato lo stato di quel qualcosa, e dato origine al mondo così come oggi lo conosciamo e continuiamo a conoscere sempre più, quel qualcosa doveva essere in un altro stato; non serve a nulla dire che pensare al gran botto come all'inizio di tutto è quasi impossibile, e che vien più naturale pensare che il gran botto sia stato esso stesso conseguenza di avvenimenti precedenti, di interazioni tra materie precedenti. E perciò metto da parte tutto questo, non domanderò che cosa diavolo – o dio – si ipotizza ci fosse prima del gran botto: tutto ciò che conosciamo è, per quanto lo conosciamo, cominciato col gran botto: punto.

Punto, e tuttavia. E tuttavia l'immaginazione di un qualcuno che sta lì – lì dove? Ma *lì*! – e scopre tutt'a un tratto – o magari lo sapeva da sempre, o magari per lui *tutt'a un tratto* e *da sempre* non sono tanto distinguibili – che è nel suo potere creare; e decide allora, o lo aveva deciso da sempre, di effettivamente creare; e si dà da fare, dunque, e con i mezzi che ha – mezzi dei quali non possiamo saper nulla, anche nessun mezzo, chissà – si mette effettivamente a creare; be', questa immaginazione mi pare bella.

Punto, dicevo, e tuttavia: mi pare bella l'immaginazione di un creatore che tutt'a un tratto o da sempre sente la voglia di averci qualcuno che non sia lui stesso, di un qualcuno che gli somigli ma che insieme sia abbastanza distinto da lui stesso da poterci parlare, da poterci passare del tempo, da poterci, ecco, avere una storia. Una storia d'amore, magari. Una storia d'amore magari combattuta, magari difficile, perché non è facile amare e tantomeno essere amati; però una storia bella e seria.

E allora mi immagino questo creatore che è tutto quel che c'è, e che quindi occupa tutto lo spazio – se a quel tempo c'era uno spazio, e se c'era un *quel tempo* –, che tutt'a un tratto o da sempre fa una cosa: si tira un pochino indietro, si tira un pochino in dentro, si contrae, fa – così me l'immagino, e perdonate l'infantilismo: ma solo per immagini possiamo parlare di questo – come faccio io quando tiro indietro la pancia per abbottonare i pantaloni: e così crea, che prima non c'era, uno spazio vuoto, uno spazio dove lui può mettere qualcosa che sia distinto da lui. E lo crea, questo qualcosa. E crea il mondo. Lo fa.

Non lo fa, no, di sicuro non lo fa nei sei giorni; o magari sì, lo fa nei sei giorni: che importanza ha? Quella dei sei giorni è una favola bella, per la quale sarebbe ridicolo – e non lo farò, pertanto – cercare analogie e corrispondenze con ciò che ci racconta oggi – ed è comunque meraviglioso – la ricerca scientifica. Fa questo mondo, il creatore, e lo fa così come lo conosciamo, magari non esattamente nello stato in cui lo conosciamo; lo fa magari cominciando con un gran botto: un gran botto che esplode nell'*in cui*, nel *dove*, nel *quando* che resta privo di lui quando lui si contrae, quando lui tira indietro la pancia; o magari non lo fa cominciando con un gran botto, che importanza ha? In qualche modo lo fa. Fa questo mondo, e per quanto ne sappiamo potrebbe averne fatti altri, anche infiniti altri: ma non ne sappiamo niente, almeno per il momento. Lo fa, dunque, questo mondo; e ci mette un pochino a farlo; e così, grazie a quel pochino, questo mondo diventa un qualcosa nel quale ci sta quella cosa che si chiama tempo, cioè ci stanno dei prima e dei dopo.

A volte mi immagino che forse non era previsto del tutto, che ci fosse il tempo. A volte mi immagino che questo creatore che tutt'a un tratto o da sempre tira la pancia in dentro, e fa il mondo, si immaginasse di fare qualcosa del tipo che aveva sempre fatto: qualcosa che apparisse tutt'a un tratto, o fosse lì da sempre. Perché di questo tipo, mi immagino, erano fino a quel *tutt'a un tratto* le cose che da sempre il creatore faceva, aveva fatte, e magari farà. Solo che quelle cose che, fatte tutt'a un tratto, risultavano essere lì da sempre, erano cose che poi lo stesso creatore faticava – e come faticava! – a distinguere da sé: e nemmeno ci riusciva. E invece lui voleva, quella volta, lui voleva fermamente, lui eterno immobile, voleva immobilmente, perché ce ne aveva la voglia, un qualcuno che fosse distinto da lui, un mobile, e per forza – ma forse non se l'era immaginato, quando gli era venuta la voglia, che fosse per forza – questo qualcuno, per essere distinto da lui, per essere mobile, doveva essere collocato in un posto dove ci fossero dei prima e dei dopo: dove ci fosse il tempo. Perché solo l'essere nel tempo, così mi immagino, solo l'averci dei prima e dei dopo permette di distinguere una qualunque cosa o un qualunque qualcuno dal creatore. Perché solo nel tempo si può essere mobili: che non significa andare di qua e di là, ma essere stati *prima* qua e *poi* là (o magari *ancora* qua).

Confesso che mi commuovo, a volte, anzi abbastanza spesso, per questo creatore: che se ne sta immobile, eternamente, a meditare su ciò che tutt'a un tratto, e quindi da sempre, lui stesso è; e eternamente medita, il creatore, coltivando da sempre una voglia – ovvero una speranza, ovvero un amore – che gli viene tutt'a un tratto: la voglia di uscire, di andar fuori, lui che è tutto quel che c'è; e s'inventa questo modo di uscire, che è il modo di creare il mondo, di crearne almeno uno, di creare qualcosa che sia distinto da lui stesso. Mi commuovo, perché m'immagino l'insostenibile solitudine, l'insostenibile noia, l'insostenibile disamore di questo stare immobilmente eterno; e insieme mi vien da ridere, e di felicità, a immaginare che felicità può essere stata, per questo immobile, l'esperienza di fare per una volta, tutt'a un tratto, una cosa che non fosse da sempre, una cosa mobile. Una sorpresa.

Questo, alla fin fine, m'immagino: che il creatore si sia fatto una sorpresa; che abbia fatto qualcosa che non s'immaginava, o che almeno gli è venuto del tutto diverso da quello che s'immaginava; che abbia fatto qualcosa che, essendo venuto com'è venuto, ha svelato allo stesso creatore qual era la segreta voglia, la voglia di un *tutt'a un tratto*, che da sempre egli coltivava: ma segretamente, nascostamente da se stesso. Aveva voglia, il creatore, che ci fossero dei prima e dei dopo, perché solo nei prima e nei dopo, cioè nel distinguibile da lui stesso, poteva trovare qualcuno con cui parlare, con cui avere una storia: magari d'amore.

Che comincia, come tutte le storie d'amore, con una delusione. Ahimè. Con una cosa brutta. E io mi immagino, davvero, l'irritazione del creatore per questo brutto inizio; e immagino che gli sia venuta anche la voglia di smontare la baracca; e addirittura immagino che ci abbia provato, a smontarla. Solo che non ne è stato capace. Non ne è stato capace perché quelli lì, quelli che gli somigliano ma vivono nei prima e nei dopo, lui è stato capace di farli tutt'a un tratto, di sorpresa, e non da sempre: ma gli sono comunque venuti fatti, e questo lo sbalordisce, per sempre. Si è sbalordito, il creatore, e si è sentito responsabile. Ha pianto, e ha gridato, perché ha scoperto che creare qualcosa che abbia dei prima e dei dopo, che sia nei prima e nei dopo, significa doversene occupare per sempre. Ha gridato e ha pianto, perché ha scoperto che creando quelli lì ha creato, per sempre, anche il legame tra lui e quelli lì: e il legame è una cosa nuova, per lui, che essendo stato da sempre e fino a quel momento tutto quel che c'era, non aveva nulla o nessuno con cui sperimentare il legame.

E così ha patita la sua prima umiliazione, il creatore. È andato in cerca di quelli lì che aveva creati. Ha fatto quello che poteva per proteggerli. Li ha vestiti con pelli d'animali. E li ha mandati in giro per il mondo, a generare innumerevoli *prima* e innumerevoli *dopo*.

* * *

L'espressione "creare" è una specie d'intruso nel linguaggio umano, perché non corrisponde a niente che possiamo immaginare a partire dalla nostra esperienza. Diciamo "creazione" ma in effetti ciò che pensiamo è un qualche tipo di "fabbricazione". Di questo e non altro infatti noi siamo capaci: fabbricare, cioè organizzare secondo un ordine diverso una materia preesistente. Come quando un bambino costruisce castelli di sabbia sulla spiaggia, o plasma figurine con il pongo nella sua cameretta. Poi, da grande, costruirà capanne con rami d'albero, o grattacieli con acciaio e cemento. Anche le parole si fabbricano: con i suoni, mettendoci un pensiero dentro, come un messaggio legato alla zampina di un piccione viaggiatore. È per questo che i miti dei popoli primitivi, quando si tratta di dar conto della creazione del mondo, sviluppano una fantasia esuberante circa i mezzi (le materie) con cui il Padre celeste ha assemblato tutto ciò che ha vita sotto il cielo: pietre per i montanari, fango per i mediterranei e ghiaccio per gli eschimesi. Per i babilonesi il mondo è fatto con i resti di un mostro degli abissi (Tiāmat, di genere femminile) che sfidò gli dèi e venne giustamente fatto a pezzi. Lo stesso Platone, che era un filosofo greco (i greci sono un popolo nient'affatto primitivo e molto civile, come si sa), intuendo che il mondo deve avere un'origine divina, non trovò di meglio che immaginare una specie di Artigiano che imprimesse il suo superiore ordine mentale a un qualcosa d'indistinto che si agitava nell'abisso, in attesa di assumere forma.

Il mito è un racconto primordiale: ha la bellezza selvaggia di tutto ciò che è prossimo all'origine, ma la sua è una bellezza fragile, come quella delle bolle di sapone: se tenti di maneggiarlo con le pinze della ragione scoppia. Ad esempio ricordo che la visita notturna di Babbo Natale smise di risultarmi plausibile quando paragonai quel vecchiotto panciuto di cui si favoleggiava a mio zio Umberto che era altrettanto corpulento, e conclusi che, a occhio e croce, un uomo grasso come lo zio non avrebbe mai potuto passare dalla cappa del camino come volevano farmi credere. Nello stesso modo, i miti di creazione (che però rappresentano una "fabbricazione") non resistono a una critica razionale, a meno di trasformarsi in una forma di ostinazione che fa dell'irrazionalità una scelta consapevole. Mi spiego. Un Dio che fabbrica il mondo da una materia preesistente non è proprio un Dio assoluto e onnipotente, visto che questa materia esiste con lui ma non è lui, quindi lo limita e in qualche modo gli resiste. Sottoposto a questa critica il mito, anziché dissolversi come una rappresentazione inadeguata, può ostinarsi e rispondere: embè? La materia limita Dio e gli resiste, infatti non è Dio, è l'anti-Dio: anzi, siccome di questa materia le cose sono comunque fatte, se qualcosa nel mondo non va per il verso giusto sapete a chi dare la colpa. E con questo si cade dalla padella nella brace, non solo perché si aggiunge irrazionalità a irrazionalità, ma soprattutto perché si è costretti ad ammettere che l'intera creazione è qualcosa di stupido, malriuscito o malvagio. Cosa che, per quanto mi riguarda, non solo non corrisponde al sentimento che ho della vita, ma suscita in me una profonda ribellione.

Se invece il mito primitivo si lascia accantonare, ecco che l'idea di creazione prende una forma diversa, come di fatto è accaduto nel periodo finale della filosofia greca, che guarda caso ha trovato apprezzamento anche tra i seguaci delle religioni del Libro: israeliti, cristiani e musulmani. Dunque, anziché fabbricato da una materia preesistente, il mondo può essere visto come un'emanazione di Dio. Dio, che non è un diamante immobile nello spazio muto, ma energia generosa d'amore, manifesta se stesso nel mondo, come il sole diffonde la luce o come il fiore sparge il suo profumo: e poiché non da altri che da se stesso Dio trae la propria potenza il mondo è divina bellezza ma, poiché la sua potenza è infinita, il mondo è creazione continua, interminabile. Direte: ma questo è ancora un mito! Un mito filosofico, ma sempre fondato su una forma d'immaginazione! Rispondo: un mito, certo, e che altro? Mito significa parola, narrazione, e di che altro siamo capaci noi umani? Il punto è che una narrazione diventa in-credibile quando essa fa a pugni con tutto il resto della nostra consapevolezza, con ciò che conosciamo della natura e dell'uomo, e con ciò che un uomo spiritualmente adulto si aspetta da Dio. Mentre questo che abbiamo definito "un mito filosofico", enunciato per la prima volta con chiarezza dal filosofo greco Plotino, non solo si è mostrato meravigliosamente compatibile con le teologie delle religioni rivelate (anzi ha contribuito alla loro elaborazione), ma anche con le conoscenze scientifiche riguardo la natura e i suoi tempi, visto che si ritrova, esposto in termini non troppo diversi, nella filosofia evoluzionistica di Henri Bergson, uno dei pensatori più importanti del XX secolo.

Dunque tutte le cose sono create da Dio, e non c'è niente che non rechi una seppure lontana memoria di quel Centro invisibile da cui ogni cosa sgorga e a cui a suo modo si ri-volge ("Tutto è in preghiera tranne il Primo", scriveva il filosofo Teodoro di Asinea). Eppure, di tutte le cose al mondo, ce n'è una che da Dio non solo proviene, ma che con Dio intrattiene un rapporto consapevole, qualcosa come un dialogo che a volte somiglia a un domandare, a volte piuttosto a un litigio, ma a volte a un canto a due voci. Naturalmente si tratta dell'uomo, ma proprio qui, dove l'umanità è direttamente in questione, io trovo un buon motivo per essere cristiano. In tutte le religioni Dio chiede all'uomo qualcosa in più che crescere e moltiplicarsi sulla terra come gli altri esseri viventi, ma molto spesso lo considera un suddito ed esige da lui obbedienza e fedeltà, altre volte un alleato in un progetto di egemonia mondiale (una specie di risiko teologico) da cui il credente otterrà un trattamento di favore. Ma è solo in Gesù Cristo, che Dio mi chiama figlio. E infatti, da quando Gesù ha sparso il suo seme sulla terra, nessuno può più in buona coscienza trattare un suo simile da inferiore o restare indifferente alla sua sofferenza: in Gesù risulta evidente che l'intera umanità deve considerarsi come una sola grande famiglia.

Ma c'è un'altra cosa, e persino più importante. Dio non è solo la causa del mio essere, ma anche colui che assiduamente assiste alla mia esistenza, e non da semplice spettatore. Mi sveglio al mattino e pianifico la giornata, prima questo poi quello, dedico a ogni cosa un tempo e calcolo momenti di riposo, patteggiando con me stesso – come se fossimo in due. Mi guardo vivere mentre vivo, mi ascolto parlare mentre parlo, e dico a me stesso "questa mi è venuta bene, quest'altra è da rivedere", la vita non mi appare solo come una serie di desideri da soddisfare o di compiti da eseguire, ma anche come qualcosa cui imprimere una forma che risulti ammirevole o almeno gradevole ai miei occhi, un'opera d'arte che espongo continuamente a me stesso – come se fossimo in due. Di fronte a cose nuove (ma anche riconsiderando cose conosciute), mi faccio opinioni, congetturo se si tratti di questo o di quello, e quando l'idea che mi pare più azzeccata porta con sé una conseguenza poco desiderabile o un compito troppo faticoso provo sì a scacciarla dalla mente, ma non ci riesco se non fingendo a me stesso, perché il piccolo paraculo che c'è in me non può farla franca con il testimone irremovibile: alla fine, obbedisco o trasgredisco a me stesso – come se fossimo in due.

Ma chi è questo testimone muto eppure luminoso, cui presto da sempre il mio volto e il pronome "Io", ma di cui cerco l'approvazione e temo il giudizio? Sotto gli occhi di chi cammino per il mondo e soprattutto proseguo incessantemente quello che mi ostino a definire un monologo interiore quando si tratta molto più semplicemente di un dialogo? È vero che l'Altro in me capisce il mio linguaggio e parla con le mie parole, ma non ci sarebbe altro modo perché dialogo avvenga. E allora, finalmente, càpita che un giorno trovo il coraggio di usare il pronome giusto: "Tu".

Da quel momento, le cose cambiano. Colui che è più intimo a me di quanto io stesso sia, mi appare il mittente non solo del raggio luminoso che giudica i miei pensieri, ma anche di tutti gli incontri che faccio là fuori, nel mondo. Persone, circostanze, avvenimenti piacevoli o spiacevoli, se Tu me li mandi ci sarà un motivo. Forse, anziché limitarmi a cercarli o schivarli secondo il criterio dell'utile mondano, posso provare a capire cosa mi vuoi dire con questi tuoi messaggi, o meglio ancora cosa vuoi che io faccia, perché una cosa è certa: Tu non hai bisogno di nulla, non sei Tu il puzzle da completare. Se qualcuno deve trarre significati o dare risposte a ciò che è inviato, sono io, e a mio esclusivo beneficio. Allora, quando la bellezza del mondo è un richiamo e l'evento è parola, l'esistenza si apre davanti a me come un sentiero di conoscenza, in fondo al quale c'è la casa del Padre. Cammino, e attendo non da me stesso o dal mio passato la nuova parola da intendere, la nuova carta da giocare, perché la vita fluisce in me sempre nuova e capace di rinnovarmi a ogni istante: non una volta per tutte 54 anni fa ma proprio adesso, Dio mi sta creando.

2.
Perché questa storia è una storia d'amore

Un secondo buon motivo per essere cristiani cattolici è che è bello leggere e rileggere, raccontare e riraccontare, la storia d'amore tra il creatore e il popolo che egli si è scelto. Una storia assai vivace, piena di colpi di scena, di grandi emozioni e di grandi litigi: nel corso della quale, come in tutte le storie che si rispettino – o per meglio dire: a fondamento di tutte le storie che si rispettino – succede che i personaggi cambiano. Si trasformano. Erano una certa cosa, o in un certo stato, all'inizio, e poi diventano qualcos'altro, nel corso degli eventi, o entrano in un altro stato; e alla fine – che non c'è ancora, poiché la storia è in corso – saranno ancora qualcosa d'altro, o in un ulteriore stato.

Il creatore, per esempio. All'inizio lui è, appunto, il creatore. Lui ha fatto tutto ciò che le sue creature riescono a toccare, vedere, fors'anche pensare e immaginare. Ha fatto tutto, può tutto, sa tutto, è tutto e dappertutto in tutto e per tutto – diciam così. Ed è del tutto innamorato del suo popolo umano: piccolo piccolo, al momento, visto che è fatto – a quanto pare – di due sole persone. Ma questo creatore-tutto degli inizi, che ha appena finito di creare tutto, è anche un innamorato agli inizi. È ancora in quella fase totalizzante, onnipotente, nella quale vale solo il sì/no, il tutto/niente. Eva e Adamo fanno una marachella: e lui li caccia. I loro discendenti fanno marachelle d'ogni genere: e lui gli butta addosso un diluvio universale. I discendenti dei discendenti si mettono d'accordo per fare una marachellona: e lui li punisce disperdendoli, facendoli parlare in tante lingue, immettendo in loro usi e costumi diversi e incompatibili.

"Vabbè", dirà uno: "ma che marachelle erano?" La merenda col frutto proibito, l'adorazione degli idoli, la torre che doveva arrivare fino al cielo. "Oibò", dirà un altro, "non sono mica marachelle da poco: sono alti tradimenti, insurrezioni, tra l'altro veri e propri atti di ingratitudine feroce – e quindi particolarmente disgustosi, e meritevoli di punizioni esemplari". Sarà. Il fatto è che non è possibile attentare alla sovranità del creatore. Solo un creatore così intimamente compreso del proprio ruolo di creatore, un creatore così egocentricamente compresso nella propria posizione di causa di qualunque cosa, solo un creatore – diciamola tutta – così narcisista e paranoico da vedere in questi goffi, goffissimi, puerili atti insurrezionali un vero pericolo o una vera offesa alla propria dignità, può reagire in quel modo.

"Ma..." *Ma* un corno. Le cose stanno così. Tant'è che ha smesso. È andato avanti ancora un po', il creatore, a progettare e saltuariamente realizzare distruzioni parziali o quasi totali delle creature; ha continuato ancora per un po' a bruciacchiare questa o quella città, a sparpagliare questa o quella epidemia per punire questa o quella marachella; ma alla fine ha mollato la pezza. Ha capito che, ad accoppare il proprio innamorato per ogni qualsiasi marachella, non lo si fa reinnamorare più che tanto.

(Non che non ci siano, sia chiaro, anche al giorno d'oggi, città spianate dai terremoti ed epidemie che si sparpagliano. Ma non sono cose che fa *lui*. Il mondo va così, e del perché vada così parliamo dopo).

Ora, guardate il bimbo nella mangiatoia. Ora, guardate quello stesso bimbo, poco più che trentenne, appeso agonizzante a una croce. È sempre lui. È sempre quello che finora abbiamo chiamato "il creatore". C'è stato un bel cambiamento.

A me, gli eventi-cerniera di questo cambiamento sembrano due: la storia di Davide e la storia di Giobbe. Cominciamo dalla seconda.

Giobbe era un sant'uomo, assai devoto al creatore. Un bel giorno il creatore se ne sta affacciato alla finestra dei cieli, e ammira la propria creazione, e in particolare la devozione di Giobbe: e se ne bea. Passa di lì il nemico – ne parleremo tra poco, di questo nemico – e il creatore si vanta con lui: "Guarda quel Giobbe lì, come mi è devoto!" Il nemico dice: "Bella forza! Lo hai coperto di grazie e di fortune, gli hai dato salute, ricchezze, bestiame, figli, mogli e tutto il resto. Mettilo nelle mie mani, lascia che gli faccia quel che voglio io, e vediamo come va a finire". "Scommettiamo?", dice il creatore. "Scommettiamo", disse il nemico.

Allora il nemico fa quel che vuole a Giobbe: gli fa morire le mogli e i figli, il bestiame e tutti i servitori; fa bruciare la sua casa e inaridire i suoi campi. Infine, lo tocca nel corpo e lo fa ammalare di una malattia schifosa. Così Giobbe, da ricco che era, si ritrova povero e nudo, a vivere sopra un mucchio di letame: l'unico bene che gli rimane è un pezzo di coccio, con il quale si gratta le croste provocategli dalla malattia.

Che cosa fa dunque Giobbe? Giobbe chiede conto al creatore. Non perde la sua devozione, no, ma comincia a parlare e dice: "Creatore, perché tutto questo? Io che ti sono sempre stato così devoto, perché mi hai fatto morire mogli e figli e bestie e servitori? Perché mi hai bruciato la casa e inaridito i campi? Perché mi hai fatto ammalare? Che cosa ho fatto di male, per meritare tutto questo?" Gli amici di Giobbe – perché qualche amico gli è rimasto – non sanno consolarlo; sanno solo dirgli: "Se il creatore ti ha fatto questo, vuol dire che avrai peccato". E Giobbe: "No, che non ho peccato! Sono sempre stato un uomo giusto, non ho mai fatto mancare la mia devozione al creatore".

A un certo punto il creatore, stufatosi di sentire il ronzio della voce di Giobbe che proviene dalla Terra, si affaccia di nuovo alla finestra dei cieli e dice: "Ehi, Giobbe! Dov'eri tu quando io creavo il cielo e la terra, gli animali terrestri e gli animali marini, la balena e l'ippopotamo, e tutte le cose che stanno in cielo e in terra? Chi sei tu, Giobbe, per chiedere conto a me, che sono il creatore? Chi sei tu, Giobbe, per farmi l'esame, per pretendere di discutere con me che cosa è giusto e che cosa è ingiusto? Io sono il creatore, e faccio ciò che voglio, e ciò che faccio è giusto: perché l'ho fatto io!"

E Giobbe dice: "Mi scusi, signor creatore. È vero, io non sono nulla di fronte a lei". E tace.

La storia di Davide è tutta diversa; ed è una storia dove la creatura, cioè Davide, prende l'iniziativa. Davide – cosa mai vista prima – non teme il creatore. Davide non si fa agghiacciare dall'infinita potenza del creatore. Davide si affida al creatore con fiducia. Davide è, finalmente, una creatura davvero innamorata del creatore. La più famosa tra le poesie per musica da lui composte è una poesia di totale affidamento: "Il Signore è il mio pastore: non manco di nulla; su pascoli erbosi mi fa riposare, ad acque tranquille mi conduce. Mi rinfranca, mi guida per il giusto cammino, per amore del suo nome. Se dovessi camminare in una valle oscura, non temerei alcun male, perché tu sei con me. Il tuo bastone e il tuo vincastro mi danno sicurezza" (il vincastro è un ramo di salice da vimini che il pastore usa sia per guidare il gregge, sia per allontanare altri animali: *guida*, notate, e *protezione*).

Davide è anche il più grande re del popolo scelto dal creatore; è anche un grande peccatore – per dirne una: spedì un soldato in missione suicida per potersi godere in pace la di lui moglie e il figlio adulterino –; ma è, prima di tutto, una creatura innamorata del creatore. Che gli disobbedisce, magari, ma non per questo smette di essere innamorata. Che può essere cattiva e crudele, mentitrice e vanitosa, ma non per questo smette di essere innamorata. Un paradosso? Guardate la vostra esperienza, se mai siete stati innamorati o innamorate.

Ed è per questo, per questo innamoramento, che il popolo scelto dal creatore considerò Davide come prefigurazione del futuro salvatore. Non immaginavano nemmeno – e quando la cosa accadde, li sbalordì – che il futuro salvatore non sarebbe stato una creatura innamorata del creatore, ma un creatore innamorato delle creature. Tanto innamorato da farsi ammazzare nel più umiliante dei modi – appeso a una croce, trafitti i polsi e i polpacci, ad agonizzare per ore – per dare prova del proprio innamoramento.

* * *

"Non riesco a capire: / le cose continuano a finire". Con un epigramma fulminante Stefano Benni (*Ballate*, Feltrinelli 1994, p. 56) coglie l'ossessione che non è solo del filosofo, ma dell'universale coscienza umana. Insistiamo a essere, mentre tutto fuori di noi non fa che mutare e noi stessi siamo attraversati da un flusso d'esperienza di cui niente si trattiene fuorché la pretesa di consistenza dell'io medesimo. Sarà per questo che le culture preistoriche hanno disseminato il continente di giganteschi baluardi di pietra (talmente enormi e pesanti che non si capisce come abbiano fatto a trasportarli per lunghi tratti): la roccia, con la sua parvenza d'immortalità, deve aver assunto ai loro occhi il valore di una possibile vittoria sul grande nemico, il tempo.

Gli storici delle religioni attestano che a fondamento del rituale, il gesto collettivo solennemente e periodicamente ripetuto, c'è la volontà di ritrovare il momento delle origini, quando gli dèi hanno conferito vita e significato al mondo (si veda ad esempio Mircea Eliade, *Il mito dell'eterno ritorno*, Borla 1968). Senza questa liturgia di ripetizione il mondo è destinato alla consumazione ingloriosa, e dunque il rito appare come un rimedio contro la dissipazione della storia. D'altronde anche quelle forme di esperienza spirituale che sono ostinatamente perseguite da una ristretta élite, vale a dire l'estasi sciamanica e mistica, sembrano ricercare innanzitutto l'astrazione dal divenire, per insediarsi in un'altitudine sovratemporale che rende possibile la conoscenza pura e la visione. Le religioni dell'Oriente (si pensi alla meditazione buddhista e allo yoga) hanno sviluppato questa tendenza con tecniche sofisticate che secondo alcuni confinano con la magia. Anche il paganesimo classico, dai pitagorici in poi, ha considerato la storia come un incidente di percorso nell'avventura spirituale: la fede nell'immortalità si declinava come una liberazione dall'equivoco del tempo, in cui l'anima sarebbe caduta per una non specificata colpa originaria.

Ci voleva il Dio semita, il dio unico e geloso che procede come una stella o una colonna di fuoco davanti allo sparuto popolo che ha strappato al sonno e alla sua terra d'origine, per scuotere il mondo con la rivelazione inaudita: la pace e il compimento non stanno nell'immobilità beata che somiglia fin troppo al dormiveglia prenatale, ma alla fine di un lungo cammino – e soprattutto non nel sottrarsi al divenire, ma nel divenire degni della Promessa. Da quel momento, tutto è cambiato.

L'inquietudine spirituale sembra entrata nel mondo, e con essa la volontà di trascendere il presente non nell'aldilà ma in un progresso indefinito che può manifestarsi come moltiplicazione della ricchezza, conversione universale alla vera religione o desiderio inesauribile di conoscenza. Marx era convinto che ebraismo e capitalismo fossero sinonimi, mentre gli eserciti di Maometto hanno creato il più vasto impero che la storia abbia mai conosciuto, e a tutt'oggi l'Islam sembra vittoriosamente lanciato alla conquista dell'intero continente africano (secondo alcuni della stessa Europa). Quanto al cristianesimo, nessun'altra religione ha portato nel mondo la rivelazione dell'universale dignità dei figli di Dio, contribuendo ad abbattere barriere che facevano della razza, del censo o del sesso motivi di discriminazione. In generale, è difficile non condividere le parole di Dawson: "Nell'Occidente la forza spirituale non è stata immobilizzata in un ordine sociale sacro, quali il Confucianesimo in Cina e il sistema delle caste in India; essa ha conseguito libertà sociale e autonomia e, per conseguenza, la sua attività non è stata confinata nella sfera religiosa, ma ha avuto effetti di grande portata su ogni aspetto della vita sociale e spirituale" (Christopher Dawson, *Il cristianesimo e la formazione della civiltà occidentale*, Rizzoli 1997, p. 21).

Dunque, liberazione non dalla storia ma nella storia: questa è l'eredità che sembrano aver lasciato al mondo le religioni del Libro. Un'eredità gloriosa e affascinante, un compito inesauribile. Ma che dirne oggi, mentre la frenesia trasformatrice della tecnica e il saccheggio delle risorse naturali vengono messe sotto accusa da chi vede nella crescita indiscriminata la minaccia più grande per il pianeta e per la sopravvivenza della stessa specie umana? Forse che la promessa messianica è stata fraintesa, e ciò che siamo abituati a considerare come l'effetto storico della libertà spirituale ne costituisce in realtà il pervertimento. In effetti io credo che l'Occidente cristiano sia divenuto vittima di una sorta di nevrosi di prestazione e di conquista, non perché ha realizzato la propria vocazione messianica, ma proprio perché da un certo momento in poi l'ha perduta per strada.

Se anziché guardare alla storia universale dovessi più modestamente far riferimento alla storia della mia anima, direi che sono diventato cristiano non perché

Cristo mi abbia additato alti traguardi e valorose esibizioni (a questo ci avevano pensato mia madre, l'invidia sociale caratteristica degli ambienti piccolo-borghesi e le pressanti richieste del capitalismo avanzato), ma esattamente perché mi ha liberato dall'ossessione della prestazione e del ruolo amandomi per quello che sono, senza chiedermi pre-requisiti o un tesseramento. Come lo so? Prima di apparire come il Figlio dell'uomo che dall'alto della croce abbraccia il mondo intero, Gesù disse che l'unico comandamento è amare Dio con tutta l'anima e amare il prossimo come se stessi. E quando gli chiesero "Chi è il nostro prossimo?", lui cominciò: "Un uomo scendeva da Gerusalemme a Gerico…" e raccontò la celebre parabola del buon samaritano, che impegnò se stesso e le proprie sostanze per curare un giudeo ferito e abbandonato, cioè uno che la storia e il costume diffuso l'avrebbero portato a considerare peggio che un estraneo, un avversario. In questa parabola si può comprendere il senso della libertà spirituale che Gesù annuncia: quella di eleggere a proprio oggetto d'amore non chi ci viene imposto dalla tribù, dalla cultura o dal partito, ma veramente chiunque, perché chiunque ne è degno. E le divisioni del passato, i torti subiti, le ferite ancora non rimarginate che ci dividono da lui? L'orgoglio chiama divisione, e il risentimento chiama vendetta: il male estende le sue metastasi proprio per opera di chi pretende di fare giustizia. Ecco perché il perdono non è semplicemente una forma di sublime ascetismo individuale, ma l'unica terapia per gli orrori della storia: solo in questo modo il male che si alimenta da rabbia, paura e diffidenza non viene amplificato ma assorbito.

Ma allora perché l'uomo cristiano non ha ancora cambiato il mondo? Perché il colonialismo culturale e l'intransigenza morale hanno potuto opprimere le genti proprio celandosi sotto le vesti del proselitismo? Perché tanta violenza nel nome di Cristo? Le ambiguità della presenza cristiana nella storia nascono dalla confusione tra il carattere conservativo di ogni cultura materialmente intesa e il carattere profetico e mistico della comunità dei credenti, o meglio dal fatto che la Chiesa, per ragioni storiche, ha ritenuto di doverli incarnare e garantire entrambi. Fondata sul comandamento dell'amore, la Chiesa è caduta, secondo Ivan Illich, nella più pericolosa delle tentazioni: quella di voler "controllare – fino a regolamentarlo – questo nuovo tipo di amore, di creare un'istituzione che lo garantisca, lo assicuri, lo protegga, criminalizzando il suo opposto". *Corruptio optimi pessima.* Ignorando ciò che Gesù disse davanti al suo giudice ("Il mio Regno non è di questo mondo"), la Chiesa ha fatto non solo di se stessa un'istituzione selettiva e conservatrice, ma su quel modello sono anche sorte le istituzioni secolari oppressive che l'Occidente ha prodotto via via, e che svelano la modernità non come l'antitesi ma come la perversione del cristianesimo: "Ovunque io cerchi le radici della modernità, le trovo nei tentativi della chiesa di istituzionalizzare, legittimare e gestire la vocazione cristiana" (Ivan Illich, *I fiumi a nord del futuro*, Verbarium-Quodlibet 2009, p. 31).

3.
Perché abbiamo identificato il nemico

Un terzo buon motivo per essere cristiani cattolici è che si sa quasi tutto sul nemico. Il nemico compare presto nella storia delle creature: è già lì, nel giardino che il creatore aveva piantato in Eden (nome che significa: "la Delizia"), in quel "paradiso" (parola che significa: "giardino") "terrestre" che pure è anche immagine e prefigurazione del paradiso "celeste" al quale siamo tutti destinati – ne parleremo presto. Già lì, in quel luogo preparato dal creatore con le proprie mani – potremmo dire, se vogliamo immaginarcelo con le mani – il nemico stava, attendeva la preda, passò subito all'azione, e vinse la prima battaglia. Eva e Adamo ci cascarono come due allocchi. Ne seguirono innumerevoli anni di guai, altro che rompere specchi.

Certo, c'è qualcosa di misterioso nel nemico. Lo vediamo nel giardino piantato in Eden dal creatore, e ci domandiamo: "Ma ce l'ha messo il creatore? E se il creatore è buono – poiché si dice che il creatore sia buono –, perché ce l'ha messo? E se il creatore è buono, perché l'ha creato?", oppure ci domandiamo: "Non sarà che il nemico esiste indipendentemente dal creatore? Non sarà che il nemico non è una creatura?"

Poi leggiamo, nel libro dei libri, il libro della storia di Giobbe: e vediamo il creatore e il nemico, lì, affacciati alla finestra dei cieli, fianco a fianco, che contemplano le creature, e uno si vanta che quella povera creatura di nome Giobbe gli è tanto devota, e l'altro si vanta che se poco poco il creatore gli permetta di toccarla, quella creatura, allora vedremo di quale e quanta sostanza è fatta la sua devozione: sembrano, quei due affacciati alla finestra dei cieli, due bambini col moccio che si vantano di quanto forte è il loro papà – il mio solleva un'automobile con una mano sola, il mio accoppa un maiale con uno sputo in un occhio, e così via. Sembrano, in sostanza, il creatore e il nemico, due compagnoni. Due birbanti che si giocano le creature a birra e salsicce: che si fanno la guerra, forse, ma occasionalmente, per scommessa, e in sostanza per finta. Con una posta in gioco, che siamo noi.

E viene, terribile, il sospetto che quei due siano complementari. Che siano un creatore e uno screatore; che siano, come coppia, i motori dell'universo, un principio di produzione e uno di distruzione, un principio di sistema e uno di entropia. Le due metà di una Penelope cosmica, che fa il mondo di giorno e lo disfà di notte.

Poi – facciamo un volo di secoli – troviamo di nuovo il creatore a confronto con il nemico: il creatore, fattosi creatura, sta sul monte a meditare in solitudine, e il nemico appare; appare, e fa un'offerta. Ti do tutto, dice. Metto nelle tue mani – come tu un tempo mettesti nelle mie mani Giobbe: non lo dice lì per lì, ma è sottinteso – tutte le creature. Regnerai su di esse. Potrai dare loro pace, salute, letizia, felicità perpetue. Ti riconosceranno – queste creature dalla zucca dura, così indocili e stravaganti – e ti adoreranno: per sempre.

Il creatore fattosi creatura dice: no. E noi, che nel buio della sala osserviamo col fiato sospeso questa scena madre, urliamo di dolore. Ma digli di sì, cribbio! Ma che cosa ti costa! Ma se è quello che hai sempre desiderato! Pezzo d'idiota, per quanti secoli ancora vuoi che viviamo senza pace, senza salute, senza letizia, senza felicità? Ti basterebbe muovere appena la testa, fare un cenno, sussurrare un sì, posare su questo *preteso* nemico uno sguardo appena appena un pochettino benevolo, e sarebbe tutto risolto!

Sarebbe tutto risolto, sì: come *solvet saeclum in favilla*, come tutto, alla fine, si scioglierà in un gran calore, in un punto rosso di fuoco. Ma non è ancora giunto il tempo della fine – infatti, siamo qui.

Il nemico è quindi, prima di tutto, un nemico della storia. Pretende in ogni momento che il creatore, in quel preciso momento, sia ciò che non è in quel preciso momento. All'inizio, quando il creatore è ancora un infantile narcisista paranoico pieno di amore geloso per le creature – le ama come la bambina di due anni ama i suoi bambolotti, più o meno: li ama e li sbatacchia, li ama e li mutila, li porta sempre con sé, non può farne a meno – col trucco della mela trasforma quei bambolotti in personcine adolescenti dotate di conoscenza, solo teorica però, del bene e del male. Più tardi, quando il creatore si è ormai adultamente innamorato delle sue creature, tenta di risvegliare in lui quello stesso infantile narcisismo paranoide degli inizi che evidentemente suppone ancora custodito in qualche anfratto della sua psiche – posto che il creatore ce l'abbia, una psiche. E così via.

Il nemico è quindi un sofista. Non vuole una cosa precisa; se la storia è lenta lui tenta di affrettarla; se va spedita lui tenta di fermarla. Perché ciò che vuole, è che storia non vi sia. Quella reciproca educazione, amorosa e dolorosa, che il creatore impone e dona alle creature e le creature impongono e donano al creatore, al nemico proprio non gli va giù. Per il creatore e le creature il tempo è il luogo della loro storia d'amore; per il nemico, letteralmente, un momento vale l'altro, e storia non vi è.

Possiamo dunque rispondere alla prima domanda, e dire che il nemico, in quanto nemico della storia, non potrebbe esistere se non nella storia. Il nemico è dunque dentro la creazione. Non è e non può essere uno screatore e tanto meno un co-creatore. Il creatore lo ammette di tanto in tanto alla sua presenza; talvolta finge con lui, talvolta gli dà un po' di corda, talvolta addirittura fa scommesse. E in questo incomprensibile comportamento del creatore sta l'indigeribile risposta all'altra domanda, ovvero questa squisita immaginazione: il nemico è stato posto nella creazione affinché noi impariamo che il creatore non fa cose buone e giuste e/o cose non buone e non giuste, ma che tutto ciò che il creatore fa è buono e giusto in quanto è fatto da lui: anche se a noi sembra privo di senso. Che è poi, pari pari, la lezione impartita dal creatore a Giobbe; ma anche da Gesù di Nazareth ai propri seguaci, quando gli presentarono un uomo cieco dalla nascita – questo si legge nel Vangelo di Giovanni – e gli domandarono: "Chi ha peccato, lui o i suoi genitori, perché sia nato cieco?" "Né lui ha peccato né i suoi genitori", rispose Gesù, "ma è perché in lui siano manifestate le opere di Dio": e sputò in terra, fece del fango impastando polvere e saliva, lo spalmò sugli occhi del cieco, e lo spedì a lavarsi. Questi si lavò, e diventò vedente.

Ora: non è umanamente giusto che uno nasca cieco; né che a un cieco a caso, quasi – di nuovo! – per scommessa, sia restituita la vista. E adesso, quindi, urlate pure di dolore. Prima o poi lo imparerete, che si ama la persona amata non perché è così o cosà, perché fa queste o quelle cose: la si ama e basta, e tutto ciò che lei fa o è, ma proprio tutto, compreso l'essere alla fin fine incomprensibile, è accolto nel comune amore – lezione che anche il creatore, ad aver che fare con noi, ha dovuto imparare.

E se non vi par sensata, o vi par poco cristiana, questa conclusione, andate a rivedere come conclude quel cattolicissimo romanzo che è *I promessi sposi.* Proprio l'ultima pagina, quando ormai tutto è finito. Renzo è rappresentato nell'atto di raccontare le proprie avventure, e finire elencando "le gran cose che ci aveva imparate, per governarsi meglio in avvenire": a non mettersi nei tumulti, a non predicare in piazza, a non alzare troppo il gomito, eccetera. "Lucia però", scrive il cattolicissimo Manzoni, "non che trovasse la dottrina falsa in sé, ma non n'era soddisfatta; le pareva, così in confuso, che ci mancasse qualcosa. – E io, – disse un giorno, – cosa volete che abbia imparato? Io non sono andata a cercare i guai: son loro che sono venuti a cercar me. Quando non voleste dire, – aggiunse, soavemente sorridendo, – che il mio sproposito sia stato quello di volervi bene, e di promettermi a voi". Segue una moralina tirata con gli argani, e che avrebbe fatto venir la febbre al povero Giobbe ("I guai vengono bensì spesso, perché ci si è dato cagione; ma la condotta più cauta e più innocente non basta a tenerli lontani; e quando vengono, o per colpa o senza colpa, la fiducia in Dio li raddolcisce, e li rende utili per una vita migliore"): ma notiamo che l'ipotesi avanzata sorridendo da Lucia, "l'amore è uno sproposito", pare proprio quella giusta.

* * *

Secondo le scritture e la tradizione cristiana, Satana è il capo di una schiera di angeli ribelli al piano di Dio i quali, scacciati dal Suo cospetto, complottano fin dal primo giorno per far fallire il Suo disegno di salvezza, minacciando con l'uomo quello che è lo scopo e il coronamento della creazione. A questo linguaggio evidentemente mitologico si contrappone una mitologia di origine illuministica che vede in Satana una sorta di Prometeo, liberatore dell'uomo dalla tirannia di Dio e quindi promotore di emancipazione e civiltà. Ma Satana non è Prometeo, e sotto il velo del linguaggio mitico alcuni Padri della Chiesa (ad esempio Giustino, Ireneo, Tertulliano) avevano un'idea piuttosto precisa di ciò che poteva indignare un puro spirito fino a spingerlo alla ribellione: la decisione del Signore di eleggere una creatura animale a figlio prediletto, peggio ancora quella di realizzare la dignità della creazione assumendo Egli stesso carne umana, come Gesù figlio di Maria. Per questo Satana, qualunque sia la sua natura (per noi inimmaginabile, in quanto soggetto incorporeo), è innanzitutto il Nemico del genere umano, e l'Accusatore dell'uomo di fronte a Dio, come appare in tutta evidenza nel libro di Giobbe.

L'umanesimo ateo che è divenuto egemone tra gli intellettuali contemporanei ha un bel daffare nel tentare di sterilizzare l'agire umano da ogni motivazione spirituale, nel bene e nel male, trasformando la bontà in solidarietà di specie o addirittura in utilità sociale, e la malvagità in semplice cattiveria, ovvero nel comportamento scomposto e furibondo di chi a sua volta è stato ferito nel corpo, negli affetti o nella dignità.

Ecco allora i carnefici trasformati in vittime dalle truppe cammellate di psicologi, sociologi, antropologi criminali e genetisti, che si affannano a dimostrare come dietro ogni atto rivolto contro la persona umana ci sia un movente naturalmente comprensibile, una rabbia e una cecità dall'origine causalmente determinabile, qualcosa di non meno prevedibile e in definitiva necessario di quello che l'induismo chiama un cattivo karma. Ma i conti non tornano, ad Auschwitz e non solo, perché la malvagità non è semplice cattiveria.

Per fortuna oltre ai deliri di onniscienza di marca scientista abbiamo la rappresentazione artistica, capace di farci intuire le forme pure dell'essere oltre la cortina fumogena della vita corrente. E infatti, ecco un sommo artista venirci in soccorso nel descrivere un esempio di pura malvagità: è Iago, personaggio fondamentale nell'*Otello* di Shakespeare. Iago medita e provoca la rovina di Otello e della sua sposa Desdemona, non perché mosso da invidia sociale nei confronti del comandante o da concupiscenza nei confronti della sua bella moglie (questo farebbe di lui un cattivo qualsiasi, un frustrato, un geloso) ma, appunto, senza alcun motivo che quello di distruggerne la felicità, intessendo pazientemente e freddamente la sua tela con un odio in cui non si trova la minima traccia di risentimento e che perciò si rivela del tutto gratuito. Una simile volontà di distruzione costituisce una manifestazione puramente e perfettamente spirituale, quale si potrebbe evidenziare solo nell'amore quando esso è del tutto disinteressato: è curioso che entrambi i comportamenti possono essere citati a dimostrazione della realtà dello spirito, ed è per questo che lo scientismo morale si adopera a negarli entrambi. Si dirà: Iago è un personaggio letterario. Vero, ma di quale potenza rivelatrice! A paragone, gli altri malvagi della letteratura regrediscono al ruolo di semplici cattivoni: Don Rodrigo è un signorotto prepotente, dietro cui si può immaginare un'infanzia ingombra di giocattoli e povera di affetti. Long John Silver un assassino e rapinatore che ha imparato fin troppo bene la lezione in una nazione, l'Inghilterra, che sull'aggressione e la pirateria ha costruito la sua fortuna. Lo stesso Faust, con la sua smoderata brama di vita e *libido sciendi*, somiglia fin troppo a uno di quegli psichismi insaziabili ed eternamente irrisolti nei quali uno psicanalista contemporaneo vedrebbe facilmente una fissazione alla fase orale, classificandolo a metà strada tra il bulimico e il tossicodipendente.

Di un tale odio gratuito si è nutrita la prassi quotidiana nei campi di sterminio. Dimentichiamo per un attimo le aberrazioni ideologiche sulla salvaguardia della razza pura che pretendevano di giustificarla (l'esperienza storica ci ha mostrato che non c'è delirio a cui una retorica sapientemente allestita non possa conferire dignità culturale, ma dopotutto sono pochissimi coloro le cui azioni rispondono interamente a moventi filosofici o pseudotali). Dimentichiamo anche la "banalità" del mero comportamento impiegatizio di chi ai processi affermò di avere semplicemente "eseguito degli ordini". Consideriamo invece la cura ostinata e quotidiana con cui, prima ancora dell'eliminazione fisica, nei lager nazisti o staliniani si perseguiva la progressiva disumanizzazione dell'ospite, il suo ridursi a numero e cosa, al punto che il suo assassinio finale suscitasse meno emozioni di quello di un insetto. E ora pensiamo all'architettura complessiva che ha ordito e sostenuto questi sistemi: non si tratta di mirabolanti utopie sociali, ovvero di grandiosi progetti di ri-fondazione o addirittura ri-creazione del mondo? Paesaggi iperuranici, trionfi della strategia, mondi finalmente liberati dall'accidentalità dell'elemento irrazionale, dall'insetto che si ostina a formicolare sulla pagina del libro, dal moscerino che disturba l'occhio lucente del puro spirito. Ricorda qualcosa, vero? È sempre il potere assoluto dello spirito, che sdegna di scendere a patti con la fragilità della carne e la libertà umana, e vorrebbe eliminarli come un incidente dalla creazione.

Che avessero ragione i Padri della Chiesa, nel sostenere che solo un Nemico giurato del genere umano può trarre le fila di queste scelleratezze? "Sebbene possiamo liquidare questa o quella teoria sul male perché la consideriamo carica di ingiustificati presupposti metafisici, vediamo che è *il fenomeno stesso* a essere metafisico – non *di* ma *in* questo mondo – e questo ci costringe a descriverlo come facciamo" (Roger Scruton, *Manifesto dei conservatori*, Raffaello Cortina 2007, p. 213).

Sbaglieremmo se pensassimo che, liquidati i totalitarismi del XX secolo, il fantasma del potere assoluto abbia smesso di perseguitarci. Esso s'insinua ogni volta che si reclama a sostegno della prassi l'impersonalità dell'agire tecnico presentato come necessità ineluttabile, per cui manipolazioni genetiche o accanimenti terapeutici avanzano senza opposizione, avanguardie di un'ingegneria sociale che prescrive il comandamento alla felicità. Dietro questo progressismo apparente si cela in effetti il pessimismo più cupo, quello che già nei primi secoli dell'era cristiana minacciò di persuadere il mondo al suicidio collettivo: la carne è male, la vita è dolore, la libertà è illusione, proclamavano i Marcione e i Mani (di cui i nichilisti in sedicesimo di oggi sono modesti e a volte inconsapevoli epigoni), l'unico rimedio è l'estinzione, o almeno l'oblio degli altri e della storia in una di quelle religioni oppiacee che oggi la cosiddetta New Age fornisce in abbondanza. Secondo alcuni inascoltati filosofi (come il russo Solov'ëv), l'Anticristo parlerà di pace universale in una lingua che è tutte le lingue e forse indosserà mutande arcobaleno, ma l'accordo che risuonerà quel giorno sulla terra sarà quello di una campana a morto, quando le anime saranno quasi persuase ad adorare chi promette il paradiso onirico delle pietre mutate in pane.

Tuttavia, è scritto: *Non praevalebunt.* Io sono cristiano perché Gesù ha vinto tutto questo, una volta per tutte, proclamando che è dolce nascere in un grembo di donna, è necessario difendere la verità contro l'errore anche a costo della vita, mentre è nobile sopra ogni cosa morire non solo per amore degli amici ma per convertire i nemici al perdono.

4.
Perché questa storia è la storia di tutti

Un quarto buon motivo per essere cristiani, e cristiani cattolici, è che il messianismo universale (perché questo significano le parole: l'antico greco "christòs" traduce l'ebraico "messia", ovvero "salvatore"; e "katholikòs" significa "universale", più nel senso di "per tutti quanti" che in quello di "per ciascuno") è per l'appunto un messianismo universale. Non che la faccenda sia stata chiara fin dal principio. Quando il creatore creò Adamo e poi Eva, ovviamente l'umanità era tutta lì, e costava poco essere universali; mentre l'idea di un salvatore, non essendoci ancora nessuno da salvare, non aveva luogo. Ma dopo la favola triste della disobbedienza di Adamo e di Eva, e della conseguente cacciata dal giardino in Eden, il libro dei libri con tutta tranquillità ci parla di un mondo – un mondo esterno al giardino in Eden – nel quale sembrano abitare, oltre ad Adamo ed Eva e alla loro figliolanza, altre donne e altri uomini. Quando Caino se ne andò per il mondo, trovò una donna con la quale generò una discendenza: "Caino si allontanò dal Signore e abitò nel paese di Nod, a oriente di Eden. Ora Caino si unì alla moglie che concepì e partorì Enoch; poi divenne costruttore di una città, che chiamò Enoch, dal nome del figlio. A Enoch nacque Irad; Irad generò Mecuiaèl e Mecuiaèl generò Metusaèl e Metusaèl generò Lamech. Lamech si prese due mogli: una chiamata Ada e l'altra chiamata Zilla", eccetera. Da dove veniva tutta quest'altra gente? Il libro dei libri non lo dice. Evidentemente, per chi lo scrisse, la faccenda non era un problema.

Analogamente, dopo la favola terrificante del diluvio universale, che nelle intenzioni del creatore doveva "distruggere sotto il cielo ogni carne, in cui è alito di vita", alla famiglia di Noè – e agli animali da loro selezionati e salvati – sembra affidato il compito di ripopolare il mondo; ma il libro dei libri racconta che, appena uscito sano e salvo dal barcone con famiglia e tutto, Noè "prese ogni sorta di animali mondi e di uccelli mondi e offrì olocausti sull'altare": dal che si deve immaginare o che di "carni in cui è alito di vita" ne fossero rimaste in giro un tot, o che a quell'olocausto si debba l'estinzione di numerose specie appena salvate (dal diluvio alla brace, si potrebbe dire). Gli umani invece, sempre stando al libro dei libri, dovevano essere piuttosto estinti, tant'è che nel decimo capitolo della Genesi si racconta dettagliatamente come i tre figli di Noè abbiano generato, nel tempo, più o meno tutti i popoli della terra (allora conosciuta, beninteso): benché si ometta sistematicamente di spiegare con quali donne li abbiano generati, e da dove queste donne siano saltate fuori (magari erano a bordo del barcone, ma in quanto donne non erano state contabilizzate).

Ora: non ha senso chiedere alle favole antiche la coerenza che oggi pretendiamo non dico da un trattato scientifico, ma perfino da un romanzo. Ma queste incongruità – che probabilmente non sembravano tali, o comunque non sembravano problematiche, ai primi narratori e ascoltatori, e ai successivi scrittori e lettori di queste storie – ci dicono una cosa: che per i primi libri del libro dei libri l'umanità si divide in due gruppi ben distinti: il popolo che il creatore gelosamente e burberamente ama, e che incostantemente risponde a tale amore; e tutti gli altri popoli, che non sono importanti. Che sono così poco importanti da non essere nemmeno pensati, alla fin fine, come creature fatte dal creatore. Il creatore fece Adamo e poi Eva, e tutti gli altri… boh, erano lì.

La gerarchia della chiesa cattolica risolse il problema al suo modo solito, con un gesto d'autorità: la lettera enciclica (cioè: "da far circolare, affinché tutti sappiano") di Pio XII intitolata *Humani generis*, pubblicata nel 1950, dà una precisa disposizione: "I fedeli non possono abbracciare quell'opinione i cui assertori insegnano che dopo Adamo sono esistiti qui sulla terra veri uomini che non hanno avuto origine, per generazione naturale, dal medesimo", cioè da Adamo stesso. Quindi: o Caino generò con una donna "non vera", ossia non fatta "a immagine e somiglianza del creatore", o generò con una sorella (non contabilizzata, al solito, in quanto donna); ma questa seconda possibilità non sembra in nessun modo suggerita dalla narrazione del libro dei libri. Volendo proprio trovare qualcosa di buono in questa disposizione papale – il cui bersaglio, in realtà, era il lavoro scientifico sulla teoria dell'evoluzione –, si può dire: che almeno alla gerarchia cattolica degli anni Cinquanta del secolo scorso importava difendere l'uguaglianza per natura di tutti gli uomini: tutti figli di Eva e Adamo, quindi, e nessuna distinzione tra noi e tutti gli altri.

Il creatore stesso, invece, nei primi libri del libro dei libri, non si mostra particolarmente interessato a tutti gli altri: che altro è il diluvio universale se non un tentativo di separare il popolo amato – o addirittura la cellula, la singola famiglia più amata all'interno del popolo amato – da tutti gli altri, facendoli fuori in un genocidio senza pari? (Tanto che il creatore stesso, alla fin fine, ne sembrò turbato; e promise: "Non maledirò più il suolo a causa dell'uomo, perché l'istinto del cuore umano è incline al male fin dalla adolescenza; né colpirò più ogni essere vivente come ho fatto" – il che dovrebbe far meditare, credo, coloro che parlano di terremoti e inondazioni come di "castighi di dio").

La storia del popolo amato dal creatore è quindi in buona parte la storia di una separazione da tutti gli altri accanitamente cercata e voluta, sentita come necessaria tanto dal creatore quanto dal popolo da lui amato; e, simmetricamente, di una separazione da tale popolo opportunisticamente e brutalmente sentita come necessaria da tutti gli altri popoli. Il meccanismo, ahimè, è semplice: se ogni popolo – ci sono antropologi e politologi che lo sostengono – ha di tanto in tanto bisogno di un capro espiatorio purchessia, il popolo amato dal creatore e accuratamente separato da tutti gli altri popoli è perfetto per questo ruolo; e perfetta – ovvero: così totale e circolare da non potersene difendere in alcun modo – è l'accusa che lo trasforma in perfetto capro espiatorio: l'accusa di essere un popolo per il quale tutti gli altri popoli sono capri espiatori.

Ora, qualche veloce fotogramma. Gesù di Nazareth salva la vita a un'adultera. Gesù di Nazareth racconta la favola esemplare del buon samaritano. Gesù di Nazareth, appeso in croce, promette il paradiso all'uomo che sta appeso accanto a lui. Paolo di Tarso gira la Turchia, la Grecia, l'Italia: per convertire, convertire, convertire. In una furibonda riunione in Gerusalemme i seguaci di Gesù di Nazareth decidono, trascinati dallo stesso Paolo, che effettivamente sì, il messia è venuto non solo per il popolo fin dall'inizio amato, ma anche per tutti gli altri. Al punto che gli altri, in verità, ebbene sì, va ammesso: non sono *altri*, ma sono *come noi*. Questa è la differenza tra il patto antico e il nuovo patto, quello offerto da Gesù di Nazareth. Non è l'unica, ma forse è la più importante. Il popolo amato dal creatore è *tutti i popoli*; e il creatore ama ugualmente tutti i popoli.

Non è più il tempo in cui il giovane Davide, volendo meritarsi la mano della figlia del re Saul, la bella

Micol, parte allegramente in battaglia contro il popolo dei Filistei e, per dare la prova di averne ammazzati personalmente cento, li evira e si presenta davanti al re con un secchio nella mano destra e un secchio nella mano sinistra: cinquanta cazzi di qua, cinquanta cazzi di là. Nel libro dei libri, primo libro di Samuele, capitolo diciotto, c'è scritto: "Davide riportò i loro prepuzi e li contò davanti al re per diventare genero del re". E si vede dunque quanto, per chi sapeva di appartenere al popolo amato dal creatore, contassero gli altri popoli. Non è più il tempo di questo.

Non che le cose, da allora, siano state tutte rose e fiori. La comunità dei cristiani, nata nel seno del popolo amato dal creatore e diffusasi per tutto il pianeta, è stata innumerevoli volte tentata, e innumerevoli volte ha ceduto alla tentazione, di considerarsi *più amata* di qualunque altra comunità o di qualunque altro popolo. Qualche altro veloce fotogramma: le guerre di religione nell'area mediterranea; la conversione sotto minaccia della spada dei popoli americani (che, peraltro, pur convertendosi non scamparono a uno sterminio quasi totale); i ghetti nelle città d'Italia e d'Europa, i *pogrom*, la "soluzione finale"; la capopartito che "benedice" – parole sue –, portandovi a spasso un maiale, il cortile d'un casolare nel quale si ipotizza di allestire una moschea; e così via. Il nostro presente è particolarmente ricco di esempi. Ma almeno noi ora sappiamo che tutto questo non è bene;

sappiamo che non può essere bene la pretesa d'un popolo di essere più che gli altri popoli.

* * *

La salvezza, la redenzione, il riscatto dalla tenebra dell'errore e del peccato, sono presenti nell'esperienza religiosa dell'umanità fin dai primordi, ma si può dire che in questi casi la salvezza coincide con l'appartenenza a una stirpe o la devozione a una divinità che *in illo tempore* ha stretto un patto di ferro con l'antenato mitico. Al carattere etnocentrico delle culture primitive corrispondono in effetti dèi locali, i quali spesso combattono in vece loro, per affermare un primato che non è mai definito in termini di valore (il che implicherebbe almeno un confronto con i valori sostenuti da altre civiltà) ma puramente identitari. "A giudicarvi saranno il sangue e la parentela", sembra affermare il dio primitivo, il quale somiglia fin troppo a quel capobranco che è servito a Freud per elevare un monumento al complesso di Edipo.

Apparentemente Jahvè ai suoi esordi non si presenta in modo diverso da una di queste divinità gelosamente locali. Stringe alleanza con un popolo che gli dovrà appartenere, lo conduce qua e là finché sia trovata una sede adatta al suo insediamento, gli promette in Abramo una numerosa discendenza e tramite Mosè se lo va a riprendere dopo che, per una serie di circostanze avventurose, il popolo è finito schiavo nel paese d'Egitto e ha perso i suoi connotati spirituali soggiacendo alla tentazione di servire oltre ai padroni gli dèi stranieri. Ma sulla via che porta alla terra promessa accade qualcosa, che rappresenta una svolta fondamentale. Mosè è chiamato sul monte, dove il profeta può avere colloquio con Dio (nessun altro può: anzi quando l'eletto scende dal monte il suo volto è talmente luminoso che acceca chi prova a guardarlo), per ricevere dal Signore la Legge, scolpita su tavole di pietra. Al suo ritorno, Mosè ha una brutta sorpresa: il popolo, disorientato e insoddisfatto da un dio che non si lascia vedere, si è fabbricato un idolo d'oro (un vitello, simbolo della fecondità e della bontà della carne), per adorarlo. E qui apprendiamo una verità inaudita: Dio è unico, non perché ogni mito è sovrano per chi vi crede, ma perché è il solo e unico Dio, tutto il resto è falsità. È unico e invisibile. Anzi è unico perché invisibile. Indeterminabile da una forma materiale, in quanto perfetto, e la perfezione è unica e "non replicabile". "Io sono colui che è", dice a Mosè, e il teologo Tommaso d'Aquino ricaverà da questa affermazione il suo primato ontologico e il suo statuto di creatore: Dio è colui la cui essenza è esistere, l'essere necessario, mentre le creature ricevono l'essere da lui, e sono in quanto partecipano della sua potenza. Dio è unico, e non paragonabile a ogni altra forma celeste o terrestre, come è non paragonabile l'infinito al finito. Ciò significa che, anche se per ora è riconosciuto come tale solo dal popolo che coscientemente lo serve, Egli è l'unico Dio di tutti: cioè, chiunque concepisce un Dio, che lo sappia o no, è a lui che si riferisce. Ne abbiamo una conferma quando Mosè, una volta sfuriata la sua rabbia e abbattuto l'idolo, torna sul monte e riceve le nuove tavole della Legge (le prime sono andate distrutte durante il suo moto d'ira). È una legge scolpita, dunque non più tramandabile di generazione in generazione attorno al focolare di un clan o di una tribù, ma visibile e intelligibile da chiunque. Da ora in poi non l'avere lo stesso sangue dell'antenato, ma l'obbedienza all'unica Legge dell'unico Dio è il discrimine tra salvezza e condanna. "Sarete giudicati sulla fedeltà", dice il Dio dell'Antico Patto, e non suona troppo diverso il messaggio di Maometto, che porta le bandiere di quel Dio nel mondo ma col linguaggio della conquista e della sottomissione. Si può obbedire per fiducia, ma anche per paura. Si può rispettare per ammirazione, ma anche per pura convenienza. A questo livello, non si è sempre in grado di cogliere la differenza. E soprattutto, per ogni conquistatore c'è un conquistato e questo è un grosso problema quando una stessa patria è rivendicata da entrambi.

Ma, mentre gli ebrei scoprivano l'universale nella fedeltà all'unica Legge, un popolo che più diverso non si può immaginare, i greci, scoprivano l'universale in altro modo. Infatti, per fare il bene occorre o fidarsi di chi lo insegna o conoscerlo direttamente, e visto che l'obbedienza supina non era proprio nelle loro corde, essi svilupparono l'ideale contemplativo che fa dell'anima il giudice stesso del proprio percorso, con l'acquisto della sapienza. Si fa il male per ignoranza, proclama Socrate e ripete Platone, e finché non si dirada questa tenebra l'anima è destinata a vagare nel mondo inferiore senza costrutto. La via della sapienza (si chiama filosofia) è ardua e faticosa, potrebbero volerci molte vite per giungere al traguardo, ma essa è aperta a ogni essere umano senza distinzione e soprattutto è condivisibile e insegnabile, dal momento che la potenza del *logos* (cioè del discorso razionale) è stringente e obbligante per chiunque abbia disponibilità a confrontarvisi. "Sarete giudicati sul sapere", sentenzia il filosofo, e procede imperterrito sulla strada del concetto universale, ma sono in pochi a seguirlo: perché la strada è in salita e non tutti hanno buone gambe o uguale fiducia nei propri mezzi, mentre i requisiti per adempiere all'ideale filosofico sono spietatamente selettivi.

E invece: "Sarete giudicati sull'amore", dice Gesù. Ogni volta che torno a meditare in me stesso questa parola, non riesco a non commuovermi. Io che ho passato metà della mia vita a studiare filosofia e l'altra metà a insegnarla, so fin troppo bene che ben poche delle mie azioni sono ispirate a criteri razionali, soprattutto so quanti esseri umani a questo mondo eccellono nella bontà di cuore più che nell'acutezza intellettuale. E per fortuna: visto che la conoscenza (quella poca che abbiamo, come un'isola nell'oceano di cose che ignoriamo) è strumento di potere e causa di superbia, così che il filosofo vero o presunto rischia di perdere nelle sue esibizioni pubbliche quel che guadagna nelle sue meditazioni private. Per quanto riguarda gli zelanti interpreti della Legge, proprio Gesù ha sperimentato sulla propria pelle come i difensori dell'istituzione e dell'ordine costituito confondano spesso la propria quadratura etica con la volontà di Dio.

"Beato te, Padre mio, che hai nascosto queste cose ai grandi e ai sapienti e le hai rivelate ai piccoli", dice Gesù. E io dico che questa è l'unica e vera universalità, perché gli uomini sono diversi per qualità intellettuali, robustezza del corpo e forza di carattere, e ancor più diversi li rendono la nascita e le opportunità: soltanto l'amore è la forza vitale e traente che, sottratto tutto quanto è natura e cultura, definisce quel mistero della libertà che è il cuore umano. Avete mai avuto a che fare con un bambino, o con quello che un tempo si chiamava "un semplice"? Vi è mai capitato d'invidiare la purezza dei suoi slanci, il suo cuore indiviso? Vi pare che in quel cuore ci sia minore grazia che in quelli di un sofista o di un leguleio rotti a tutte le possibilità della razionalizzazione? "Sarete giudicati sull'amore": mentre ripeto a me stesso queste parole, lascio cadere come un vestito vecchio le preoccupazioni inutili al cielo e generate solo dalla brama di brillare in questo mondo, e insieme a esse l'ansia di prestazione che da sempre mi tiranneggia. Perché è indubbio, davanti alle braccia aperte di Gesù in croce, il primo atto d'amore è quello di lasciarsi amare.

5.
Perché non si è mai visto un Dio che si faccia carne

Un quinto buon motivo per essere cristiani cattolici è che il creatore, circa duemill'anni fa, prese tutti in contropiede e si fece creatura di carne. Dopo un trent'anni di vita modesta e nascosta quest'uomo, raggiunta l'età dell'autorevolezza – a quei tempi s'invecchiava e si moriva presto – cominciò ad andare in giro predicando, facendo miracoli, e sostenendo di essere, né più né meno, il generato dal creatore e nel contempo, in certo qual modo, il creatore stesso. La cosa è ovviamente incredibile: e le autorità di quel tempo – le autorità religiose e le autorità civili, di comune accordo o per convenienza reciproca – non ci credettero. La storia finì con un corpo appeso a una croce e una comunità di seguaci allo sbando: eventi, per quel che se ne sa oggi, forse abbastanza frequenti in quei tempi e in quei luoghi ricchi di visioni e di violenza. Poi però si sparse la voce che quell'uomo ammazzato non era morto, o non era morto del tutto; o addirittura era davvero morto, ma poi era tornato a essere vivo: era uscito dalla tomba nella quale era stato rinchiuso, camminava con le proprie gambe, parlava, mangiava. E, dopo un po' di giorni passati a certificare alla cerchia più stretta dei seguaci il proprio ritorno in vita, li aveva portati in campagna, li aveva salutati per bene, ed era salito al cielo.

Ci sono quattro libri che raccontano questa storia, i Vangeli (parola che significa: "buona notizia", "lieto annuncio"), e sono inclusi ufficialmente nel libro dei libri (sono perciò detti "canonici": fanno parte del "canone", della lista autorizzata); ce ne sono poi altri, non tantissimi, che non sono inclusi ufficialmente nel libro dei libri (e sono chiamati "apocrifi", ossia "da tenere da parte", "da tener nascosti"). Sulla storia di questi testi, sulla loro composizione, sulla credibilità (nulla, secondo le conoscenze attuali) delle attribuzioni di due dei canonici agli apostoli Matteo e Giovanni e di alcuni apocrifi a Pietro stesso o a Giacomo "fratello di Gesù": su tutto questo c'è una letteratura vastissima e affascinante; così come c'è una letteratura vastissima e affascinante che tratta della credibilità storica di queste narrazioni (nonché degli innumerevoli cimelii che si conservano da tempi molto antichi, ma in realtà mai abbastanza antichi: il lenzuolo che avvolse il corpo di Gesù, la colonna legato alla quale fu flagellato, le schegge e i chiodi della croce, eccetera). Ma è possibile dimenticare per un momento l'esistenza di queste vastissime e affascinanti letterature, e prendere la questione da un'altra parte.

Tutti sanno che tre dei Vangeli canonici – quelli attribuiti a Marco, Matteo e Luca – sono chiamati "sinottici”: il loro racconto procede per lo più nello stesso modo, tanto che è possibile stamparli su tre colonne, fianco a fianco, e osservarne con un colpo d’occhio (“sinottico” significa appunto: “osservabile con un colpo d’occhio”) parallelismi e divergenze, compresenze e omissioni; mentre il Vangelo attribuito a Giovanni va quasi sempre per conto proprio. Una qualsiasi buona edizione del libro dei libri – quello che comunemente chiamiamo: la Bibbia – presenta ai margini noterelle che segnalano appunto somiglianze e differenze. Alcune di queste ultime sono assai vistose: Luca racconta molte cose dell’infanzia di Gesù di Nazareth, che sembrano sconosciute a Marco e che Matteo racconta solo in parte e in tutt’altro modo; nel racconto dell’ultima cena, che pure nel suo Vangelo è assai più lungo che negli altri, Giovanni “si dimentica” della consacrazione del pane e del vino, che così importante sarà ed è nella chiesa; in Matteo non c’è traccia dell’ascensione finale al cielo; eccetera.

Se cerchiamo di leggere i Vangeli come libri di storia, cadiamo nell’assurdo o nella disperazione. Ma si può dare un taglio netto a questo nodo: alla fin fine l’evento culminante narrato concordemente dai quattro Vangeli – il ritorno in vita di Gesù di Nazareth ammazzato sulla croce – è talmente impossibile, è talmente incredibile, che qualunque lavoro critico sui Vangeli inteso a vagliarne la credibilità storica perde a un certo punto peso e, forse, senso. A che vale confrontare sulla base degli scavi archeologici i quattro testi, per stabilire che la planimetria della Gerusalemme del tempo implicata nel racconto di Giovanni è più credibile di quella implicata da Luca – se poi, alla fin fine, la questione sta tutta nell'ammettere l'idea, il pensiero, la *realtà* che uno che era vivo ed è stato ammazzato, poi è stato di nuovo vivo? Quand'anche gli archeologi trovassero e autenticassero un documento d'epoca, firmato e sottoscritto da tutti gli undici apostoli, Tommaso in testa – Giuda, nel frattempo, s'era impiccato –, nel quale si dichiara che il signor Gesù di Nazareth, che era morto, è stato da ciascuno di loro visto vivo: sarebbe più semplice crederci?

Allora possiamo prendere i Vangeli per quello che sono: Marco e Matteo, poco più che raccolte o promemoria, frutto di diversi e successivi assemblaggi, di detti, episodi, brevi discorsi di Gesù di Nazareth, passati per decenni di bocca in bocca, utili come sostegno alla predicazione orale, di facile comprensione per chiunque; Luca, un tentativo di fare un "libro scritto" a partire da quei materiali, aggiungendone altri, e mettendo tutto in bello stile greco, con un occhio di riguardo per un pubblico pagano e colto; Giovanni, più un libro di teologia in forma narrativa, rivolto a un pubblico di già credenti – o, sostengono alcuni, a un pubblico di affiliati a una di quelle religioni o spiritualità diffuse all'epoca, d'origine orientale, chiamate "misteri" –, che una narrazione "di annuncio" rivolta a tutti.

D'altra parte, nei secoli, ogni generazione ha rinarrato quelle narrazioni infinite volte: combinandole (tra loro e, non di rado, con quelle apocrife: "messe da parte", ma mai completamente dimenticate), trasponendole, trasformandole, ampliandole, variandole secondo tutti i procedimenti possibili. Migliaia di artisti ci hanno provato, con le arti del mosaico e della pittura e della scultura; centinaia di narratori e poeti e drammaturghi e cinematografari ci hanno provato. Tutte queste ri-narrazioni non forniscono un briciolo di prova della verità di quanto raccontato dai Vangeli; ma ne provano formidabilmente la vitalità. Gli affreschi di Giusto de' Menabuoi nel battistero del duomo della mia città, Padova; gli affreschi di Giotto nella cappella degli Scrovegni, nella stessa città; le meravigliose annunciazioni dell'Angelico nel convento di san Marco in Firenze; la Pietà di Michelangelo in Roma; il Cristo di El Greco che sfonda la tomba, torna vivo, e manda gambe all'aria le guardie, al Prado di Madrid; e via via, fino alle opere di narratori drammaturghi cinematografari cantanti del nostro tempo: credenti come Luigi Santucci (*Volete andarvene anche voi?*), Diego Fabbri (*Processo a Gesù*), Mario Pomilio (*Il quinto evangelio*); tormentati come Giuseppe Berto (*La Gloria*), Pier Paolo Pasolini (*Il Vangelo secondo Matteo*), Pär Lagerkvist (*Barabba*), Fabrizio De André (*La buona novella*), Jean-Luc Godard (*Je vous salue, Marie*), Nikos Kazantzakis (*L'ultima tentazione di Cristo*), Martin Scorsese (che dal romanzo di Kazantzakis trasse un film), Norman Mailer (*Il Vangelo secondo il figlio*), Erri De Luca (*In nome della madre*); atei come Barbara Alberti

(*Vangelo secondo Maria*), José Saramago (*Il Vangelo secondo Gesù Cristo*), Tim Rice e Andrew Lloyd Webber (*Jesus Christ Superstar*). E chi più ne ha più ne metta.

Quelle narrazioni sono lì per essere continuamente narrate e rinarrate, con un movimento che continuamente si allontana dai quattro testi originali e continuamente vi fa ritorno; per scontrarsi, alla fine, continuamente, con l'evento più misterioso di tutti gli eventi: il creatore che si fa creatura. Per parte mia, posso solo ripetere ciò che – nel racconto di Luca – disse un vecchio, di nome Simeone, che stava sugli scalini del tempio di Gerusalemme quando Giuseppe e Maria vi si recarono per "presentare al Signore" il loro bimbo di poche settimane. Il vecchio, "mosso dallo Spirito", prese in braccio il bimbo e disse: "Ora puoi lasciare, o Signore, che il tuo servo vada in pace, secondo la tua parola; perché i miei occhi hanno visto la tua salvezza" (e anche questo episodio è stato rinarrato: da Thomas S. Eliot, in *A song for Simeon*).

* * *

Fino a trent'anni una vita nascosta, una vita normale, da figlio di falegname. Questa è la verità che ostinatamente difendono i Vangeli canonici, contro l'ingenuo miracolismo di certi apocrifi che vogliono Gesù fanciullo prodigioso, che plasma animaletti dal fango e li fa vivere per stupire i coetanei. Cosa vuol dire "normale"? Vuol dire che il ragazzo se ne sta a bottega col padre, impara il mestiere, quasi certamente si pesta le dita le prime volte, come qualunque apprendista. Nessuno che lo conosca in paese può prevedere quel che di straordinario pretenderà di compiere più tardi, e quando accadrà proprio i compaesani saranno i primi a manifestare scetticismo: "Non è costui il figlio del falegname?" Anche l'episodio che lo vede giovinetto disputare coi Dottori nel Tempio, è inquadrabile in questa cornice. È ormai un Figlio della Legge, ha diritto a interpretare le Scritture, ed è della Scrittura che parla con loro rivelando un'intelligenza non comune, non della Sua divinità. Questo significa una cosa importante: Gesù prende coscienza della Sua divinità dall'interno della condizione umana, come risvegliandosi in essa, senza doverla violare perché lo contenga. Non potrebbe essere più netta la differenza con gli eroi del mito, chiamati fin dalla nascita a grandi e sovrumane imprese, per cui adozioni divine e doni prodigiosi li hanno dotati di facoltà straordinarie, manifestatesi fin dal principio: Eracle, che strozza due serpenti nella culla. Trent'anni di umana banalità, in cui Dio vive quietamente e senza strepito: questo significa l'Incarnazione, che l'intera condizione umana è abitata e quindi redenta da Dio, non solo l'eventuale regalità o eccellenza talentuosa che può o meno contraddistinguerla. È evidente se consideriamo la nascita del genere biografico, che può collocarsi nelle *Confessioni* di Sant'Agostino. Il padre della cristianità occidentale racconta la sua vita chiedendo a Dio di illuminarne il percorso, e scoprendo che Dio è sempre stato lì, in ognuno dei suoi momenti, in paziente attesa, come un'occasione colta o perduta di conversione. Le *Confessioni* sono il primo esempio di biografia anti-eroica, cioè non limitata alle imprese eccezionali di un eroe o di un sapiente, semplicemente perché l'Incarnazione ha dato un nuovo significato al quotidiano. Prima di allora la presenza di Dio tra gli uomini è frequente nel mito pagano e nella storia di Israele, però è limitata ai momenti cruciali (epici o tragici) o ai luoghi del sacro e della rivelazione (il tempio, la cima del monte). Gesù è l'Emmanuele, "Dio con noi": nessun momento della vita umana è troppo banale perché non possa essere illuminato dalla Sua presenza.

Umanità, piena umanità di Gesù, che della condizione umana non scarta quanto è più fragile e doloroso. Il Signore torna a Betania e lo avvertono che il suo amico Lazzaro è morto. Sappiamo che deciderà di resuscitarlo dai morti, e l'attenzione si concentra su questo evento miracoloso, ma c'è un particolare a cui si fa poco caso: alla notizia, il Signore piange. Chi conosce la mentalità antica soprattutto nei suoi ideali virili, trova questo fatto stupefacente. Di più, di Giovanni è detto che per lui aveva una predilezione. Come capita a tutti, agli insegnanti rispetto a certi alunni, ai sodali rispetto ad alcuni membri della compagnia: per affinità psicologiche, per speciale dedizione. Il Signore esibisce la fragilità umana, la dipendenza emotiva, come qualcosa di non ignobile ma teneramente virile: si può dire che ha il coraggio della tenerezza. Paragoniamo questi episodi alla frettolosità con cui, secondo il racconto platonico del *Fedone*, Socrate liquida sbrigativamente moglie e figli venuti a salutarlo prima dell'esecuzione della pena capitale. Prima che uomo Socrate è filosofo, deve finire di dimostrare ai sodali il suo alto concetto dell'anima: schermendosi dalla vulnerabile carnalità degli affetti, evidenzia perfettamente quale ideale disincarnato si celi sotto la credenza nell'immortalità dell'anima, qualcosa di ben diverso, come vedremo, dalla cristiana resurrezione della carne.

Gesù accoglie dunque la fragilità della condizione umana. Ma non per sottomettervisi passivamente. Il suo non è un viaggio turistico, né un'ispezione come capitava a certi dèi olimpici che volevano saggiare il livello di degrado dell'umanità, per poi punire qualche reprobo e donare eterna pace a giusti e devoti come Filemone e Bauci. Gesù è venuto a salvare, a redimere. L'uomo non è tal quale è uscito dalle mani di Dio: il peccato e il lungo errare hanno corrotto le sue facoltà spirituali, hanno messo il disordine nella sua natura e nei rapporti tra l'uomo e la natura esteriore. Gesù entra in quella che fu pensata dall'inizio come Immagine di Dio: essendone il Soggetto ispiratore, Dio stesso entra nell'Icona per restaurarla. Per far questo apre una via da cui all'uomo possa permanentemente giungere lo Spirito che è forza, sapienza e guarigione, ed eleva la condizione umana a una dignità sconosciuta dai tempi dell'Eden. È il momento giusto per parlare del matrimonio cristiano, che eleva a dignità spirituale quello che prima (e dopo) l'influsso del cristianesimo è inteso come un contratto quando non una semplice urgenza animale. Il "per sempre", la donazione incondizionata di sé davanti a Dio è la condizione di questo ingresso dell'unione carnale nell'ambito del soprannaturale. Soprannaturale: non può mantenersi senza l'aiuto di Dio. Come in ogni sacramento, la materia si fa veicolo di Grazia: l'acqua nel battesimo, l'olio nell'unzione, il corpo degli sposi nel matrimonio. È a una festa di nozze che Gesù si lascia convincere a compiere il primo miracolo (non a caso, da Maria): mutare l'acqua in vino. Non si possono fare nozze senza vino. L'occhio del simbolista legge: non si può mantenere un vincolo matrimoniale, che non è cosa naturale, senza l'assistenza dello Spirito. La stessa cosa vale per l'Ordine religioso, dove povertà castità e obbedienza, che non sono doti naturali, possono preservarsi solo nella fedeltà a un dono incessantemente rinnovato.

Gesù accoglie la condizione umana, non ne disprezza neppure i limiti invalicabili. Gesù soffre la solitudine e l'abbandono, Gesù sospetta il fallimento, Gesù ha paura della morte. Il Signore nell'orto degli Ulivi chiede che sia allontanato l'amaro calice, i compagni dormono, Dio tace nel suo cuore, il Signore è l'uomo più solo di questa terra mentre il traditore si avvicina.

Come? Era Dio e non sapeva leggere nel cuore degli uomini, si è lasciato imbrogliare come un gonzo qualsiasi? Il modo in cui era Dio essendo veramente uomo, la spiegazione criptoteologica, lasciamola pure ai teologi di mestiere, quel che interessa è che ha voluto attraversare compiutamente e fino alla più dolorosa strettoia la condizione umana, forse perché solo così poteva riassumerla interamente e senza residui nel disegno di Dio.

Quando si dice che Dio ha fatto l'uomo a sua immagine, cosa s'intende? Non certo l'uomo nella sua configurazione esteriore, né nei suoi limiti psicologici. Forse l'intelletto che consente il riconoscimento del vero al di là dell'opinabile, la libertà che consente l'adesione al bene anche quando è molto lontano dal piacere, l'impulso creativo che rende possibile l'oggettività dell'opera al di là della semplice auto-espressione. Queste forme di auto-trascendenza sono irreperibili in natura, e ci fanno parlare di condizione spirituale. Ma tutto questo è minato alle basi dal peccato originale, che è il rifiuto del dono di Dio per autofondarsi, trovandosi poi prigionieri della propria creaturalità. Poteva il salvatore redimere tutto questo senza fare propri i più oscuri recessi della fragilità carnale?

Ma se Gesù è incarnato, quanto è carnale la Chiesa? E bisogna per forza che abbia una sua materialità, rischiando a ogni momento l'irrigidimento nell'istituzione? "Prendete e mangiate, questo è il mio corpo". Alla Chiesa Gesù non lascia in eredità un aroma, un ricordo e nemmeno solo una parola. Lascia corpo e sangue, cibo e bevanda. La Chiesa è obbligatoriamente materiale, deve avere mura e un suolo se ciò che custodisce è la materialità di un corpo (eucaristico), pena il dissolversi in uno spiritualismo esangue. E tutto ciò che è materiale è soggetto a corruzione e costante rinascita, all'inerzia e alla ripresa. Anche il Vangelo, certo, perché la lettera non basta. Il Vangelo deve continuamente cercare linguaggio e cultura per tradursi in ogni epoca, e altrettanto liberarsene per non restarne irretito. In questa dialettica si leggono i traumi della Chiesa ma anche la perenne tentazione personale dell'idolatria. Pretendere una Chiesa "pura dei puri" è una superbia che Gesù, come abbiamo visto, non ha condiviso. E un Quinto Vangelo, un'ultima parola che se ritrovata ci libererebbe definitivamente da ogni dubbio sul Suo messaggio rendendo impossibile ogni fraintendimento, è in realtà un'allegoria del tempo: il tempo della conversione, che è il tempo della vita umana. È necessario che il senso sia incarnato nella lettera, ed è necessario che la lettera sia trascesa dallo spirito, cioè dalla presenza stessa di Gesù al suo lettore: "Se la fede presso un popolo declina, allora significa che più non lo posseggono: e se invece una gente mostra d'esser fedele al Cristo e dà prova di conoscere propriamente la sua legge, lì si dice che in quel momento il quinto evangelio è in mezzo a loro" (Mario Pomilio, *Il quinto evangelio*, Rusconi 1975, p. 171).

6.
Perché questo Dio si fa riconoscere

Un sesto buon motivo per essere cristiani cattolici è che Fëdor Dostoevskij, in quel bizzarro testo inesistente che è *La leggenda del grande inquisitore* – un testo che esiste, per modo di dire, così: è un poema scritto da Ivan Karamazov, personaggio del romanzo *I fratelli Karamazov*, ma nel romanzo il poema non c'è; c'è invece il racconto del poema che Ivan fa a suo fratello Alëša – s'immagina quanto segue: che il creatore, in un tempo e in un luogo più o meno corrispondenti alla Spagna del Cinquecento, torni a visitare le creature nell'aspetto di Gesù di Nazareth; che entri nel mondo con discrezione, in silenzio; che peraltro tutti lo riconoscano; che lo riconoscano, ovviamente, anche gli uomini dell'allora attivissima e potentissima Inquisizione cattolica; e che questi lo prendano e lo gettino in carcere. Nella cella scende a parlargli il capo dell'Inquisizione, il grande inquisitore: che lo guarda, lo osserva, e senz'altro – anche lui – lo riconosce. Dapprima il grande inquisitore lo interroga: "Sei tu? Sei tu?"; ma subito cambia idea: "Non rispondere, taci. E che potresti dire? So troppo bene quel che puoi dire. Del resto, non hai il diritto di aggiungere nulla a quello che Tu già dicesti una volta. Perché sei venuto a disturbarci? Sei infatti venuto a disturbarci, lo sai anche Tu. Ma sai che cosa succederà domani? Io non so chi Tu sia, e non voglio sapere se Tu sia Lui o soltanto una Sua apparenza, ma domani stesso io Ti condannerò e Ti farò ardere sul rogo, come il peggiore degli eretici, e quello stesso popolo che oggi baciava i Tuoi piedi si slancerà domani, a un mio cenno, ad attizzare il Tuo rogo, lo sai? Sì, forse Tu lo sai".

Ora, la narrativa occidentale è piena di storie nelle quali un potente abbandona la propria potenza (o la perde temporaneamente per un disguido) e prova a (o gli tocca di) vivere da povero. Vi sarà capitato di leggere, se non altro, da ragazzini, il sentimentale *Il principe e il povero* o l'esilarante *Un americano alla corte di re Artù* (entrambi di Mark Twain): nel primo un giovanissimo principe, erede al trono, per gioco scambia i panni con un bambino povero, con l'accordo di ritrovarsi la sera e tornare ciascuno nei propri: ma ovviamente qualcosa va storto; nel secondo un americano del Connecticut, misteriosamente finito nell'Inghilterra di re Artù in séguito a una botta in testa, prima porta un po' di innovazioni tecnologiche e poi convince il re a viaggiare per il proprio regno come un semplice borghese, per osservare e sperimentare le condizioni dei sudditi e, soprattutto, l'assenza di ogni diritto e giustizia: solo l'intervento all'ultimo istante di Lancillotto (giunto con altri paladini *in bicicletta*) salverà i due dall'impiccagione (e, per la cronaca: sarà un incantesimo di Merlino a rispedire l'americano nel tempo e nel luogo a lui propri).

In tutte queste narrazioni succede che il potente passa un sacco di guai *perché non viene riconosciuto come tale*; ma, alla fine, egli viene riconosciuto per quel che è, e così l'ordine viene ristabilito. Niente di diverso accade negli innumerevoli romanzi popolari nei quali si scopre, di solito alla penultima pagina – l'ultima è dedicata al matrimonio – che il protagonista, creduto un trovatello o un figlio di nessuno o un poveraccio qualsiasi, è invece un rispettabilissimo, e magari nobile, "figlio di". Al contrario, il creatore fattosi creatura del poema inesistente di Ivan Karamazov, alias Fëdor Dostoevskij, passa un sacco di guai – il guaio più grosso: l'Inquisizione lo ammazza – proprio *perché viene riconosciuto come tale* ("figlio di", e di che "di"!) e l'Inquisizione, ammazzandolo, intende fare nient'altro che ristabilire l'ordine. Perché il creatore che si fa creatura, il creatore che abbandona la propria infantile onnipotenza narcisista e paranoide e viene tra le creature come un fratello, con affetto e mitezza, in un corpo esposto ai rischi e alle malattie e alla morte, è intollerabile: intollerabile all'epoca di Anna e Caifa, intollerabile per l'Inquisizione spagnola del Cinquecento, intollerabile nella Russia dei tempi di Dostoevskij – e intollerabile oggi, probabilmente.

D'altra parte il grande inquisitore parla chiaro: "Non hai il diritto di aggiungere nulla a quello che Tu già dicesti una volta", dice. E così noi riconosciamo in lui quella volontà di negare la storia che è propria del nemico, del quale dicevamo: pretende in ogni momento che il creatore, in quel preciso momento, sia ciò che non è in quel preciso momento. E il nemico, nel poema inesistente di Ivan Karamazov, alias Fëdor Dostoevskij, è il capo dell'Inquisizione: il difensore rigido della fede, uno che vuole una chiesa-organizzazione certa e stabile, una dottrina fissata una volta per tutte, un ordine sociale immutabile, un potere che si comporta da potere e dei soggetti che si comportano da soggetti: e l'interruzione di ogni narrazione.

Uno che vuole, in sostanza, solo un padre verso cui tendere e al quale voler assomigliare; se possibile, un padre infantilmente narcisista e paranoico – come quello rappresentato da Franz Kafka nella *Lettera al padre*, per dire –, un padre sprofondato e bloccato in un passato che è da sempre e non conosce alcun *tutt'a un tratto*; e che non può quindi tollerare un figlio fraternizzante e rivolto al futuro – non più o non solo *da* sempre, ma *per* sempre –, come non può tollerare uno spirito che soffia dove vuole, che parla attraverso gli uomini e le donne, che del vento ha la velocità, la capacità di infilarsi ovunque, la libertà di mutamento, l'imprevedibilità.

L'incarnazione è, infatti, l'imprevedibile. Il creatore non sceglie di rivestire sembianze umane tollerabili ai nostri occhi – come facevano ogni due per tre anche gli dèi dei greci e dei latini – ed entrare nel mondo come un re. No. Il creatore sceglie proprio di provare a essere creatura; di sconvolgere tutti gli ordini pensabili, creando un punto di contatto vero tra il mondo del *da sempre* e *tutt'a un tratto* e il mondo del *prima* e del *dopo* (ne parlo come se fossero due mondi distinti; cosa che non è; ma non trovo altro modo di spiegarmi); e trasformando in questo modo la sua stessa natura; che, da quel *tutt'a un tratto* in poi, non sarà più un *da sempre*, bensì un *per sempre*. Non più un abisso – lo dico solo per aiutare l'immaginazione – ma un'altezza. E, per le creature, la storia cambierà direzione: non la guiderà più il sogno-rimpianto delle origini, l'età dell'oro e compagnia briscola, ma il sogno-speranza del futuro; non più il pensiero dell'abbandono, ma quello del compimento.

* * *

Ai tempi del liceo e dell'eroico razionalismo adolescenziale, la mia idea di Dio andò in briciole sotto i colpi possenti di Marx, Freud e Nietzsche, quelli che un filosofo del XX secolo ha poi definito "i maestri del sospetto". Marx fece notare che un uomo alienato da condizioni sociali che fanno del suo lavoro e di lui stesso una merce non può che identificare la sua esistenza con quella di un burattino di cui potenze superiori tirano le fila. Freud raccontò una favola antropologica in cui il padre primordiale, capobranco ed esclusivo possessore delle femmine, viene attaccato e ucciso dai figli frustrati nelle loro brame; in seguito costoro placheranno il senso di colpa introiettando l'ombra del defunto, e facendone il supremo giudice celeste delle loro vite finalmente assoggettate alla Legge. Nietzsche mostrò che c'è qualcosa d'insalubre nel rifiutare l'ebbrezza del sentire e la forza vitale, rifugiandosi in un mondo ultraterreno sottratto al divenire e sterilizzato da ogni valore che non sia quello somministrato dall'alto a tutti in egual misura. Religione dei deboli e malriusciti, che si vendicano sottilmente dei forti ed elevano la codardia a sistema morale.

La mia religione, dicevo, non resistette alle martellate di questi negatori, e il motivo è molto semplice: al di là delle sublimi formule del catechismo, questa che descrivevano era in effetti la psicologia di molti credenti che vedevo intorno a me, perciò mi parve (e ancora oggi mi pare) che niente come la religione si presti a fornire lo schermo su cui si proiettano desideri "umani, troppo umani" come diceva Nietzsche. Questo accade perché, come già scriveva il greco Senofane nel VI secolo avanti Cristo, "se i cavalli potessero dipingersi i loro dèi, li farebbero in forma di cavallo", ovvero un misto di ignoranza e auto-giustificazione è alla base dell'antropomorfismo che governa la mitologia. Del resto, osservando i poderosi sistemi teocratici degli antichi imperi orientali, è difficile non pensare che quegli dèi sovrani intorno a cui ruotano, come intorno a un perno inamovibile, il cosmo e lo Stato, siano innanzitutto versioni simboliche della monarchia e della gerarchia sociale.

Mi ci vollero almeno una decina d'anni per capire che quella che avevo assimilato da bambino non era la religione cristiana ma la mitologia di una piccola borghesia diffusa che dietro i simboli cristiani nasconde le proprie sempiterne meschinità (la stessa che oggi, dalle mie parti, riesce a conciliare il comandamento della carità con l'idea che agli immigrati bisognerebbe sparare già in mare, prima che sbarchino). Quanto al Dio che Gesù Cristo proclama di essere, è un Dio che non solo non conferma queste spontanee proiezioni, ma pare proprio divertirsi a smentirle. Un Dio scandaloso.

"Prima che Abramo fosse, Io sono", dice una volta ai farisei sdegnati. E con questo, definitivamente, smentisce l'orizzonte tradizionale che vuole Cielo e Terra separati da una distanza invalicabile. Il primo fra i teologi cristiani, l'evangelista Giovanni, riassume questa irruzione dell'Eterno nel Tempo, dell'Amore nella Legge, scrivendo: "In principio era il Verbo, e il Verbo era presso Dio, e il Verbo era Dio. Egli era in principio presso Dio: tutto è stato fatto per mezzo di lui, e senza di lui niente è stato fatto di tutto ciò che esiste. In lui era la vita e la vita era la luce degli uomini; la luce splende nelle tenebre, ma le tenebre non l'hanno accolta". Perché non accoglierla? Perché l'uomo non cede facilmente la chiave della propria esistenza a chi viene per redimerla, per liberarla proprio da quel disordine interiore, da quelle meschinità che lo rendono schiavo? Una risposta possibile è che la stolida ripetizione è il principio di governo del mondo materiale: così crede lo gnostico, il quale oppone a Dio una mitica barriera che gli coesiste; non siamo noi a peccare ma la carne in noi, sostanza originariamente impermeabile allo spirito, irredimibile. Ma esiste un'altra risposta, più semplice e terribile: l'uomo liberamente decide di permanere nell'errore, che da quel momento in poi però assume un ben più grave significato. Quel che si poteva tollerare come una forma d'ignoranza nel pagano, dopo Cristo si svela come vera e propria malvagità. Infatti Cristo non viene come un politicante a persuadere gl'indecisi, ad arruolare mercenari sotto una diversa bandiera. Il Dio fatto uomo non è un'altra religione, un'altra mitologia, ma è la fine della mitologia in quanto tale. La serietà e la responsabilità che Cristo conferisce all'esistenza umana sono ignoti alla storia del mondo: non c'è ordine né pace sociale, né interesse nazionale o di classe che possano più permettersi di sacrificare la libertà di una singola coscienza includendola in una narrazione mitica, perché essa è chiamata a essere tempio di Dio. E laddove quei valori tornino a essere preminenti sopra quello della libertà umana, non c'è posto per il Cristo: esattamente come accade nella *Leggenda del grande inquisitore*.

Certo, si dirà, per riconoscere Dio in un uomo bisogna che ci siano dei segni importanti. Uno suona il campanello: "Buongiorno, sono Dio", e tu pensi che sono pieni i manicomi di gente così. Sarà per questo che Gesù ha costellato la sua esistenza di eventi miracolosi? Eppure gli è servito a poco, visto che delle molte persone che l'avevano visto resuscitare Lazzaro dai morti, sotto la croce erano rimasti solo una donna e un ragazzo. In realtà, non c'è prodigio bastante per chi non è disposto a credere: costui tradurrà molto facilmente il miracolo in evento fortuito o in illusione ottica. E allora, su cosa si basa quella fede che ci spinge a riconoscere in Gesù il Figlio di Dio? "Voi chi dite che io sia?", chiese una volta Gesù ai suoi compagni, che lo seguivano incantati dalle sue parole e avvolti dal suo amore, ma finora non avevano capito un granché della sua missione. Rispose Pietro: "Tu sei il Cristo, il Figlio del Dio vivente". E Gesù lo chiamò beato, perché non la carne (leggo: la certezza data dai sensi) né il sangue (leggo: l'intuizione psicologica, l'intelligenza naturale), ma lo Spirito gliel'aveva rivelato. Lo Spirito: l'amore che procede dall'Amante all'Amato e viceversa, e fa sì che essi si riconoscano in qualsiasi circostanza, anche nel mezzo di una folla, anche nella tenebra più fitta. L'Amore che Dio ha messo come un seme nell'anima umana, e che solo di questo amore può essere sazia. Finché Cristo non comparve nel mondo, questo amore poteva essere ignoto a sé medesimo, come una promessa dimenticata e scaduta a sogno lontano, irrealizzabile. Ma in Cristo, ecco svelato il volto di Dio che il mito ha provato inutilmente a imitare con i cascami dei sogni umani e degli obblighi sociali. È il volto dell'Amore misconosciuto: il Padre abbandonato dal figliol prodigo staziona notte e giorno alla finestra più alta della casa in attesa del suo ritorno, e quando lo vedrà spuntare all'orizzonte, confuso e claudicante, proclamerà il giorno di festa. È il volto del perdono, che l'altro fratello non comprende, perché prigioniero di una morale fin troppo simile alla partita doppia, dove tanto dai quanto ricevi. Ancora. È il volto del servo di Jahvé, di cui parla il profeta Isaia: "Disprezzato e reietto dagli uomini, uomo dei dolori che ben conosce il patire, come uno davanti al quale ci si copre la faccia, era disprezzato e non ne avevamo alcuna stima. Eppure egli si è caricato delle nostre sofferenze, si è addossato i nostri dolori e noi lo giudicavamo castigato, percosso da Dio e umiliato. Egli è stato trafitto per i nostri delitti, schiacciato per le nostre iniquità. Il castigo che ci dà salvezza si è abbattuto su di lui; per le sue piaghe noi siamo stati guariti".

Ecco perché sono cristiano: perché nell'amore di Gesù riconosco l'Amore, e ogni altra versione di esso mi sembra un pallido riflesso, ma è chiaro che solo un Dio può amare così. Quando penso al comandamento lasciato da Cristo ai suoi, "Amatevi come io vi ho amati", so che sarebbe un compito ineseguibile per qualunque uomo che conosco a cominciare da me, a meno che si affidi interamente a quello Spirito, che è la sua eredità immarcescibile.

7.
Perché Dio ha avuto bisogno di una donna

Un settimo buon motivo per essere cristiani cattolici è che il creatore, per farsi creatura, ha avuto bisogno del coraggio di una donna e di un uomo. Nella favola bella raccontata da Luca nel suo Vangelo, un messaggero si presenta all'improvviso a Maria, una giovane donna – probabilmente una ragazzina, considerati gli usi del tempo – promessa sposa al falegname – o carpentiere, come secondo alcuni è meglio tradurre – Giuseppe. "Rallégrati, piena di grazia", le dice, "il Signore è con te". A queste parole – formule di saluto abituali, forse, ma non abituali nel rivolgersi a una ragazzina – Maria "fu molto turbata", si legge nel Vangelo di Luca secondo traduzione ufficiale della chiesa; secondo altre traduzioni e narrazioni proprio "si spaventò" – chissà qual era l'aspetto del messaggero: le raffigurazioni più antiche lo presentano come un bel giovanotto –, tanto da andarsi a nascondere dietro una colonna (in quella che è indicata tradizionalmente come la casa di Maria, a Nazareth, vi è ovviamente una colonna che sarebbe proprio *quella* colonna; Giotto da giovane affrescò una Annunciazione, oggi quasi perduta, nella quale Maria appariva tanto spaventata e scomposta da suscitare l'indignazione di Leonardo). Visto lo spavento della ragazza, il messaggero disse: "Non temere, Maria, perché hai trovato grazia presso Dio", e continuò: "Ecco, concepirai un figlio, lo darai alla luce e lo chiamerai Gesù. Sarà grande e verrà chiamato Figlio dell'Altissimo; il Signore Dio gli darà il trono di Davide suo padre e regnerà per sempre sulla casa di Giacobbe e il suo regno non avrà fine". Per una ragazza educata nella religione degli antenati, come possiamo supporre Maria fosse, queste parole erano insieme chiare e oscure: *spaventosamente* chiare (tuo figlio sarà il messia che il popolo che il creatore si è scelto attende da secoli) e *spaventosamente* oscure (cosa vuol dire che "sarà chiamato Figlio dell'Altissimo"? Se io darò alla luce questo figlio, chi ne sarà il padre? Forse questo giovanotto qui? O addirittura...).

Doveva essere, Maria, una ragazza tosta. E domandò al messaggero: "Come avverrà questo, poiché non conosco uomo?" Un modo abbastanza indiretto e prudente di fare la domanda chiave. Ma la risposta del messaggero fu tutt'altro che rassicurante: "Lo Spirito Santo scenderà su di te e la potenza dell'Altissimo stenderà su di te la sua ombra. Perciò colui che nascerà sarà santo e sarà chiamato Figlio di Dio". Nei racconti antichi, che possiamo immaginare Maria avesse ascoltati più e più volte – chissà se li sapeva leggere –, l'ombra del creatore compariva più volte; vivere nell'ombra del creatore era buona cosa; quando

Mosè aveva condotto il popolo fuori dall'Egitto, il creatore lo guidava apparendo come una nube a forma di colonna, un gigantesco cumulonembo, che gettava appunto ombra sul popolo (di giorno; e di notte splendeva, gettando luce sul cammino); più volte i canti di Davide ripetevano: "Esulto all'ombra delle tue ali", "All'ombra delle tue ali troverò riparo", "Il Signore è il tuo custode, il Signore è come ombra che ti copre, e sta alla tua destra". Ma l'ombra era anche "l'ombra della morte", il luogo dove il nemico "sta in agguato come il leone nel covo, per ghermire il misero", l'immagine del nulla e di quel nulla che è la creatura: "Solo un soffio è ogni uomo che vive, come ombra è l'uomo che passa; solo un soffio che si agita..."

Ebbe un bel coraggio, Maria. Probabilmente ricordava le storie antiche di nascite miracolose, regolarmente annunciate da un messaggero: Sara, moglie di Abramo, che partorì Isacco in tardissima età (quando gliel'aveva predetto il messaggero, si era messa a ridere); la moglie di Manoach, della quale le storie non conservano nemmeno il nome, che era sterile e partorì Sansone (e Manoach, quando la moglie gli riferì cosa le aveva predetto il messaggero, non le credette; e pretese e ottenne una conferma). Ma il messaggero poteva offrirle qualcosa di più vicino, di più concreto; perciò aggiunse: "Vedi, Elisabetta, tua parente, nella sua vecchiaia ha concepito anch'essa un figlio e questo è il sesto mese per lei, che era detta sterile: nulla è impossibile a Dio". Sapesse o non sapesse Maria, che anche la gravidanza di Elisabetta era stata annunciata (al marito di lei; che non credette; e per punizione fu reso muto fino a quando non gli si domandò che nome volesse dare al bambino: "Giovanni!", disse, e ricominciò a parlare: così si legge sempre in Luca), questa era comunque un'informazione che si poteva controllare; e chi si espone al controllo è sincero. E così disse: "Ecco la serva del signore: avvenga di me quello che hai detto".

Quando Giuseppe si accorse di avere la fidanzata incinta – questo lo racconta invece Matteo – restò perplesso. Era un uomo mite; sapeva quale destino – secondo la Legge – attendeva le ragazze madri, soprattutto se già promesse a un marito e rese madri non da lui, e quindi tecnicamente adultere: poteva scapparci una lapidazione in piena regola. Peraltro era un uomo qualsiasi, e non se la sentiva più di sposarla. Pensò allora di ripudiarla in segreto, parlando a quattr'occhi con la famiglia. Ma anche a lui si presentò – in sogno, stavolta – il messaggero: "Giuseppe, figlio di Davide", gli disse, "non temere di prendere con te Maria, tua sposa. Infatti il bambino che è generato in lei viene dallo Spirito Santo". Anche questa, possiamo dire, una comunicazione davvero rassicurante. Tuttavia Giuseppe non ci pensò più; sposò Maria; ed evitò di toccarla, si dice, finché non nacque il misterioso figlio.

Di fronte a questa favola bella, io ho sempre pensato: ma a quante donne, prima che a Maria promessa a Giuseppe, il creatore avrà fatto la sua proposta? Quante gli avranno detto di no? Quante, tremando di paura, avranno detto: no, non me la sento; no, non riesco a credere che sia vero; no; no. E: quanti uomini, prima di Giuseppe, sentendosi dire dalla fidanzata "Sai che lo Spirito Santo mi ha messa incinta?", o semplicemente constatando la cosa con gli occhi, avranno reagito nel più brutale dei modi? Quante volte, mi sono domandato, il creatore avrà tentato di farsi creatura, di entrare nel tempo, nel luogo del prima e del dopo – senza riuscirci?

Perché – queste sono le mie immaginazioni – per farsi creatura, il creatore aveva bisogno di una creatura. Nei racconti di Omero, gli dèi assumono sembianze umane come e quando fa loro comodo, senza tanti problemi; ma qui, nel racconto del libro dei libri, si trattava di fare tutta un'altra cosa. Si trattava, per il creatore, di assumere non la sembianza, ma proprio la natura umana. Senza perdere la propria. E per questo, per questo *dono di natura*, ci voleva una donna. Il creatore voleva essere creatura in tutto e per tutto: voleva cominciare con l'essere ovulo fecondato, poi masserella di cellule totipotenti, poi via via differenziarsi, diventare spina dorsale, cuore, fegato, polmoni, braccia e gambe, testa e cervello. Perché il creatore sapeva cos'è una creatura – chi può sapere qualunque cosa meglio di lui? – ma non aveva mai *sperimentato* d'essere una creatura. Voleva, il creatore, affrontare l'ignoto. E – sono sempre le mie immaginazioni – per secoli aveva cercato una creatura, una coppia di creature, capace di affrontare l'ignoto più ignoto di tutti.

Lode a Maria, dunque: "Vergine madre, figlia del tuo figlio, / umile e alta più che creatura, / termine fisso d'etterno consiglio, / tu se' colei che l'umana natura / nobilitasti sì, che 'l suo fattore / non disdegnò di farsi sua fattura": così Dante, nell'ultimo canto della *Commedia*. E noi aggiungiamo: un pensierino anche a Giuseppe, per il quale la cosa fu, tutto sommato, un tantino meno spaventosa, ma comunque difficile.

Ricordando che entrambi furono, e sono, semplici creature; come tutte le altre; alle quali sarebbe orribile pensare come se fossero altro che semplici creature.

* * *

La primissima profezia contenuta nella Bibbia riguarda una donna. Rivolgendosi al serpente, che ha sedotto Adamo ed Eva affinché disobbedissero al comando di Dio, Dio stesso dice: "Io porrò inimicizia tra te e la donna, tra la tua stirpe e la sua stirpe: questa ti schiaccerà la testa e tu le insidierai il calcagno". Già per i primi Padri della Chiesa (Ireneo, Epifanio), non vi è dubbio che la profezia si riferisca alla Vergine Maria. Infatti è lei che darà alla luce il Salvatore non prima, però, che Dio stesso si sia preparato in lei un "vaso" purissimo, una materia tutta speciale, perché la "piena di Grazia" rivesta il seme che lo Spirito vi ha deposto di una carne integra, incorrotta dal disordine causato nella natura umana dal peccato originale. È questo il senso della formula dogmatica con cui la Chiesa Cattolica ha definito nel 1854 l'"Immacolata Concezione", ossia la convinzione secondo cui Maria è stata concepita senza che il suo essere patisse le conseguenze del peccato d'origine.

Come debba intendersi esattamente il peccato originale è oggetto di dispute teologiche da sempre, e oggi più di prima. Il linguaggio utilizzato nel libro della Genesi (l'albero, la mela, il serpente) presenta una prevalenza di elementi allegorici, anche se pare predominante l'idea della violazione di un divieto: il peccato d'origine sta essenzialmente nel rifiuto della condizione creaturale; seguendo i consigli di Satana, Adamo ed Eva manifestano sfiducia nell'ordine all'interno del quale Dio collocava la creatura disponendola a un bene designato. La creatura rigetta questo ordine e questo bene, rivendicando una superiorità di giudizio che non possiede ("Sarete come Dio" promette il serpente) e per questo precipita in una condizione di errare e di confusione, segnalata dalla Genesi con due gesti pieni di significato: Adamo ed Eva si vergognano della propria nudità e provano a nascondersi agli occhi di Dio. Come dire: dopo quella decisione sciagurata, qualcosa si è rotto nel rapporto con Dio, ma anche nel rapporto fra l'uomo e la sua immagine, ossia in ciò che oggi chiameremmo la propria identità. Fortunatamente è Dio stesso a cercare la coppia, additandole una condizione dolorosa ma vivibile, in cui luce e tenebra si alterneranno fino a nuovo ordine. Viene in mente un pensiero di Pascal: "Se non ci fosse oscurità l'uomo non avvertirebbe la sua corruttela, se non ci fosse luce l'uomo non spererebbe alcun rimedio. Così è utile per noi che Dio sia nascosto in parte e manifesto in parte, poiché è ugualmente pericoloso per l'uomo conoscere Dio senza conoscere la propria miseria e conoscere la propria miseria senza conoscere Dio". Si pensa spesso che il pudore ci protegga dallo sguardo altrui, dallo scherno o dalla rapacità con cui altri possono minacciare la nostra fragile integrità; non altrettanto spesso si ricorda che lo sguardo più impietoso sulle nostre piaghe è proprio il nostro, il che rende assai pericoloso sostituire la confessione dei peccati con la psicanalisi: solo un Dio capace di perdonare la sua creatura è in grado di curvarsi sulle piaghe del cuore senza provarne disgusto, mentre è proprio la nostra incapacità di perdonare noi stessi che apre lacerazioni e invoca oscurità. Tanto ai negatori del peccato originale quanto a coloro che ne sostengono una versione puramente "giuridica", consiglierei di riflettere sulla concretezza della vita morale: che il peccato d'origine sia trasmesso ai figli di Adamo dal progenitore o sia compiuto ogni volta da ogni uomo al primo barlume del volere, l'effetto è lo stesso: l'incapacità di accettare se stessi nel proprio limite è direttamente proporzionale a quella di trascenderlo nella speranza, ed entrambe, come i corni di un medesimo dilemma, sono la cartina al tornasole dell'impossibilità dell'uomo a salvare se stesso, se non riconoscendo il proprio statuto creaturale.

Da questo punto di vista, la perfezione di Maria sta nel suo essere essenzialmente creatura. La sua docilità (che non ha niente della sottomissione al sistema patriarcale giustamente deprecata dalle femministe), è la docilità alla parola di Dio, che grazie al suo consenso può farsi carne per la salvezza del mondo. In questo modo, Maria diviene non solo madre del Salvatore ma principio di una nuova creazione, inaugurata dall'avvento di Cristo e proseguita dalla Sua presenza nella materia dei Sacramenti. L'acqua, l'olio, il pane e il vino, sono come Maria frutti della terra, che la soprannaturale presenza della Grazia trasforma in nutrimenti ed energie spirituali. Come scrive Romano Guardini: "Nella dimensione liturgica si annuncia uno stato dell'esistenza, che può venire solo da Dio. [...] L'essenza della liturgia non sta nell'elemento morale, in quello pedagogico, o didattico; non v'è essenzialmente per annunciare una verità o per insegnare il giusto agire, ma per essere. È realtà – realtà che si fa strada e appare. *Mysterium* e sacramento sono i luoghi donde fa breccia la nuova creazione. Nella fede certo: ma la fede è accertamento di realtà" (*Natura, cultura, cristianesimo*, Morcelliana 1983, p. 190).

Abbiamo parlato di docilità alla Parola: eppure Maria assume nei Vangeli ben altro rilievo che quello della serva del Signore. Alle nozze di Cana è lei a chiedere un intervento di Gesù, quando la festa minaccia di trasformarsi in disonorevole fallimento per mancanza di vino. E Gesù, per quanto il Vangelo di Giovanni tenga a precisare che la cosa non era prevista ("Non è ancora giunta la mia ora"), acconsente a manifestarsi nel suo primo miracolo. Da questo la Chiesa trae l'insegnamento per cui a Maria Dio nulla rifiuta: è lei che intercede per noi, è a lei che si rivolgeranno i credenti, soprattutto i più umili e negletti, che non trovano parole acconce per rivolgersi all'Altissimo. È lei che si manifesta più volte nella storia, scegliendo i più piccoli, come i pastorelli di Lourdes, Fatima o Medjugorje, per ammonire gli uomini e convertire i cuori. Lasciamo volentieri a teologi e inquisitori il compito di discernere quanto di queste apparizioni sia da ascrivere al soprannaturale e quanto alla pura e semplice speranza umana, e limitiamoci a constatare quanto la figura di Maria abbia forgiato l'anima della cristianità, allontanandola dall'ossessione legalista e patriarcale dei monoteismi orientali, elevando la condizione femminile a una dignità che il mondo non aveva mai conosciuto, e ben oltre le pur importanti forme dell'emancipazione sociale.

La preminenza del femminile è innanzitutto spirituale, e si manifesta a chi ha orecchi per intendere nel linguaggio teologico. Dio non è maschio né femmina, non è padre più di quanto non sia madre ed è chiamato Padre in quanto principio dell'essere e creatore del mondo: ebbene, Dio non ci lascia altra immagine della sua cura per la creazione che l'universale abbraccio di Maria: "la maternità della Vergine si pone come figura umana della Paternità divina". (Paul Evdokimov, *La donna e la salvezza del mondo*, Jaca Book 1980, p. 154).

8.
Perché la Chiesa custodisce la Sapienza

Un ottavo buon motivo per essere cristiani cattolici è che la scena primaria della chiesa non è tanto l'indicazione di Pietro come pietra di fondazione ("Tu sei Pietro, e su questa pietra…"), quanto ciò che accadde in Gerusalemme – secondo il racconto di Luca negli Atti degli apostoli – cinquanta giorni dopo la Pasqua nella quale Gesù di Nazareth fu appeso alla croce, morì, e fu poi visto vivo. Era giorno di festa: l'antica festa della mietitura, quando si raccoglie il frutto del seminato, nonché festa del rinnovamento dell'antico patto tra il creatore e il popolo da lui scelto. Quel giorno i seguaci più stretti di Gesù di Nazareth si erano riuniti lì dove, dice Luca, "erano soliti riunirsi": la stessa sala "grande e arredata", par di capire, al piano superiore di una casa, nella quale con Gesù (sempre secondo il racconto di Luca, nel suo Vangelo) avevano mangiato la cena pasquale. Il racconto è portentoso: "Venne all'improvviso dal cielo un fragore, quasi un vento che si abbatte impetuoso, e riempì tutta la casa. Apparvero loro lingue come di fuoco, che si dividevano, e si posarono su ciascuno di loro, e tutti furono colmati di Spirito Santo e cominciarono a parlare in altre lingue, nel modo in cui lo Spirito dava loro il potere di esprimersi". Uscirono allora in piazza, e cominciarono a parlare: "la folla si radunò e rimase turbata, perché ciascuno li udiva parlare nella propria lingua". Doveva essere uno spettacolo assai inconsueto per la popolazione di Gerusalemme: tanto che, mentre alcuni ascoltavano rapiti e affascinati, altri sghignazzavano e dicevano: "Si sono ubriacati di vino dolce".

Ecco: questo evento affascinante per alcuni, ridicolo per altri, è la nascita della chiesa cattolica. Quella che, nella parabola dei vignaioli omicidi – quasi un titolo da film dell'orrore – raccontata da Matteo era sembrata una minaccia ("A voi sarà tolto il regno di Dio e sarà dato a un popolo che ne produca i frutti") si realizza come dono universale: la predilezione del creatore per un popolo è tolta a quel popolo per essere data a tutti i popoli (quindi anche restituita a lui, si spera). La separazione delle lingue, conseguenza del fatuo tentativo umano di costruire una torre alta da terra fino al cielo, è risarcita dal dono della poliglossia – il parlare in molte lingue, o l'essere intesi da chiunque parli una qualunque lingua: è la stessa cosa – che dal cielo scende fino a terra; non vi è più una distinzione tra il popolo scelto dal creatore e tutti gli altri, perché in tutte le lingue, o in una lingua comprensibile a tutti, comunque senza esclusione di alcuna lingua, il lieto annunzio è proclamato. "Avverrà negli ultimi giorni, dice Dio", gridò Pietro alla folla, sempre secondo il racconto di Luca: "Su tutti effonderò il mio Spirito; i vostri figli e le vostre figlie profeteranno, i vostri giovani avranno visioni, e i vostri anziani faranno sogni".

Nient'altro che questo, dunque, è la chiesa cattolica, l'assemblea universale: una comunità di profeti. Una comunità, addirittura, che dopo l'evento del ritorno in vita di Gesù di Nazareth sembra capace di costituirsi non solo tra coloro che sono di volta in volta vivi nel tempo, ma anche tra coloro che sono di volta in volta vivi nel tempo e i già morti, ossia i vivi per sempre. E a vivificare questa comunità è sempre il creatore, la cui continua presenza è ciò che il libro dei libri chiama Spirito Santo: la presenza *per sempre*, mandata da colui che è *da sempre* il creatore, fattosi creatura in un *tutt'a un tratto.*

Certo, noi abbiamo davanti agli occhi, oggi, una chiesa che sembra essere tutt'altra cosa che una comunità spirituale universale: che sembra essere un'organizzazione. E come tutte le organizzazioni, ora che è stabilita, fatica a ricordarsi dello scopo per il quale è stata costituita, e cede alla tentazione di trasformare in scopo l'esatto opposto. Così la chiesa-organizzazione, come qualunque altra organizzazione umana, mette tra gli scopi primi la propria persistenza, il proprio potere e prestigio, la sottomissione di chiunque ricada nell'ambito delle proprie competenze, la distribuzione ben bilanciata di privilegi e opportunità, l'espansione del potere personale di ciascuno dei suoi componenti.

Che la chiesa-organizzazione sia questo, cioè un'organizzazione di potere, non è peraltro di per sé un motivo bastante per volerne fare a meno; a meno che non si ritenga dannosa qualunque forma di organizzazione umana. La comunità spirituale universale e la ditta dei preti non hanno altra scelta che convivere, guardarsi in cagnesco, e occasionalmente farsi la guerra; senza mai dimenticare di essere un'unità, come io sono un'unità di corpo e anima. In una lettera a un amico religioso, nella quale spiegava dettagliatamente quali difficoltà le impedivano di entrare ufficialmente nella chiesa con il battesimo, Simone Weil scrisse: "La Chiesa è perfettamente pura solo per un aspetto: in quanto conservatrice dei sacramenti. Perfetti sono il corpo e il sangue del Cristo sugli altari, non la Chiesa" (*Lettera a un religioso*, Adelphi 1996, p. 46).

* * *

Se è vero che in tutte le religioni sono esistite divergenze teologiche, è altrettanto vero che solo nell'ambito del cristianesimo si sono combattute guerre di religione. A parte il fatto che questi conflitti hanno a che fare con circostanze storiche in cui la religione in quanto tale poteva non essere il fattore principale, è innegabile che "la radicalità di un *ethos* di verità ben precisato, premessa di una accezione del tutto specifica di eresia, si trova soltanto nel Cristianesimo"(Karl Rahner, *Che cos'è l'eresia*, Paideia 1963, p. 7). Questo *ethos* è determinato: a) dal fatto che Dio si è rivelato *storicamente* in un momento preciso del tempo e in un certo luogo, a certi testimoni e non ad altri; b) dal fatto che questa verità è *di per se stessa* salvifica. Quanto sopra implica che laddove l'integralità di questa rivelazione venga amputata, questo determina non una "diversa interpretazione" ma una lesione di ciò che è custodito come un bene indivisibile, e un danno rispetto alla sua efficacia salvifica. Il che non poteva accadere non solo nel mondo del mito, frutto di naturale affabulazione e per definizione riproposto continuamente dalle medesime strutture archetipiche dell'esperienza umana (dovunque tu vada c'è sempre un padre celeste e una madre terra, eroi solari fondatori di città ecc.), ma nemmeno nelle religioni sapienziali (ad esempio i sistemi induisti o il buddhismo), dove l'insegnamento religioso nasce dall'ascesi e dalla sapienza di individui eccezionalmente dotati, e ciò che conta maggiormente è la pratica di meditazione e tecniche estatiche, più che la fedeltà a una rivelazione soprannaturale.

L'eresia cristiana è precisamente il rifiuto dell'integralità della fede, il che avviene già nei primissimi secoli del cristianesimo e continua per tutta la storia della Chiesa, fino a oggi. Il motivo è che il pensatore religioso (cui si unisce evidentemente un certo numero di fedeli che si riconosce nelle sue speculazioni) a un certo punto smette di sottomettersi a un dato (che è innanzitutto un fatto) e comincia a elaborarlo secondo la propria esperienza e intuizione personale o cercando di adattarlo a una filosofia tutta umana di cui non riesce a liberarsi. Fatta salva la bontà delle sue intenzioni (per noi insindacabili ma non per forza buone) egli sostituisce un criterio soggettivo a quello che è l'oggettività della rivelazione. Ora, se si crede come io credo che nessun uomo è così puro di cuore da poter interrogare la Rivelazione, e dovrebbe piuttosto lasciarsene interrogare, cioè lasciare che essa eserciti la Sua azione salvifica proprio a partire dall'intelligenza umana offuscata dal disordine per ri-ordinarla, si renderà grazie a Dio per il magistero della Chiesa, che ci protegge esattamente da questa forma di soggettivismo.

Detto questo, occorre assolutamente aggiungere: a) che l'oggetto della fede cattolica è contenuto nelle poche righe del "simbolo niceno-costantinopolitano" (il *Credo*, per intenderci) e che esso non riguarda in alcun modo l'ordine politico da dare a una società, così come ignora preferenze alimentari, sessuali e artistiche dei credenti, per cui ogni tentativo di estendere l'ortodossia a questi ambiti va considerato un'ingerenza indebita della cultura dominante sulla fede, anche se è il clero a perpetrarla; b) che il termine eresia viene usato per indicare chi dall'integralità della Rivelazione si discosta (ad esempio il Protestantesimo di Lutero e Calvino) e non chi, mantenendone la sostanza, rifiuta il primato di Pietro, cioè l'autorità sovrana del Papa preferendole quella di vescovi locali (nel qual caso si parla di "scisma", per esempio per la Chiesa Ortodossa o per la Chiesa Anglicana).

Dopo le grandi dispute e le divisioni prodottesi nei secoli XVI e XVII, parrebbe che i conflitti ereticali siano scomparsi dalla Chiesa Cattolica: in effetti, non è così. Generata dall'influsso illuministico, nel XIX secolo è apparsa e sotterraneamente continua ad agire quella che probabilmente è la sintesi di tutte le eresie, cioè il Modernismo. Con questo termine non s'intende l'opportunità di distinguere tra ciò che è eterno e ciò che è passeggero, legato all'influenza delle culture che la Chiesa attraversa nella sua storia come un'arca sugli oceani, e quindi di rinnovare il linguaggio teologico per le nuove generazioni, affinché ciò che è permanente venga continuamente trasmesso con efficacia: questo è anzi un preciso dovere della Chiesa sempre missionaria, e della teologia in particolare. Il Modernismo è piuttosto la rinuncia alla Verità oggettiva e intangibile in nome degli interessi del secolo, una sorta di aggiornamento del Vangelo alle teorie scientifiche o filosofiche più alla moda. Questo presuppone innanzitutto una maliziosa sovrapposizione tra Verità storica e soprannaturale e conoscenza scientifica (sempre provvisoria nei risultati) per poi modificare quella sulla base di questa. Più di tutto, a dettare legge sono le (pseudo) scienze psicologiche su base puramente naturalistica, che erigono il sentimento a criterio fondante della religione, e l'ideologia democratica, che è qualcosa di diverso dalla democrazia, in nome della quale si contesta radicalmente l'idea stessa di un magistero ecclesiale. Naturalmente il Modernismo non solo prospera nel terzo millennio, ma è molto ben accetto nei salotti post-illuministi di destra e di sinistra (anzi è l'unica teologia tollerata, come dimostrano le festose accoglienze editoriali e televisive riservate ad autori come Vito Mancuso), mentre basta proporsi come difensori dell'ortodossia per subire negli ambienti culturali qualcosa di peggio dell'ostracismo, cioè la congiura del silenzio.

Nonostante questo, sono cattolico perché ritengo che l'idea che la religione cristiana sia una proiezione delle speranze umane e il soprannaturale un residuo mitico da lasciarsi alle spalle costituisca l'autentica sciagura del nostro tempo. Fuori dall'oggettività della Rivelazione, come aveva ben visto Nietzsche, c'è posto solo per l'ubriacante infinità di interpretazioni ugualmente insulse. Infatti la rinuncia all'oggettività della fede storicamente ha portato con sé prima il rifiuto della sua compatibilità filosofica (l'irrinunciabile lezione della teologia tomista), poi la rimozione dell'oggettività in quanto tale, cioè della capacità dell'intelligenza di affermare il vero oltre l'opinione, il buono oltre l'utile, dunque il puro e semplice principio di realtà: questo mina alla base la possibilità stessa di un'esistenza autentica e di una convivenza civile. I conservatori se ne sono accorti e si riciclano come teo-con, ma la loro astuta ipocrisia non ne aumenta la credibilità. I radical chic a sinistra, invece, continuano a piangere la morte del sociale ma esaltando il soggettivismo più sfrenato, e dunque continuando allegramente a segare il ramo su cui sono seduti.

Se fossi il Nemico del genere umano farei esattamente così: prima gli toglierei la protezione delle comunità naturali, dalla famiglia al villaggio (protezione carnale, certo, ma noi siamo esseri incarnati!) facendogli sognare l'ubiquità degli angeli nel mercato globale e sulle onde del ciberspazio, poi lo convincerei che un angelo non ha bisogno di servire nessun altro che il proprio puro spirito, e gli toglierei la sudditanza alla Verità che dà un senso e un ordine alla sua vita. Farei in modo di soddisfare tutti i suoi desideri o almeno lo illuderei che con la tecnica si possono "trasformare le pietre in pane". Infine, magari dopo una crisi economica, lo riporterei bruscamente a terra facendo svanire il suo senso di onnipotenza, precipitandolo in una giungla dove tutti sono contro tutti e un futuro è inconcepibile, e portandolo a maledire il giorno stesso in cui è nato.

Vi ricorda qualcosa?

Sono cattolico perché se sento dire che l'uomo diviene veramente tale quando non ha più bisogno di maestri so di aver udito una solenne sciocchezza: anzi sottopongo volentieri il mio pensiero al magistero della tradizione ecclesiale che risale agli apostoli, testimoni della vita e del messaggio di Gesù, perché so fin troppo bene quanto il disordine morale e psicologico di ognuno di noi pesa sul suo giudizio. E che Dio ci protegga dai falsi profeti.

9.
Perché la profezia dà vita alla Chiesa

Un nono buon motivo per essere cristiani cattolici è che il dono della profezia è sparso ovunque. Profeta non è – sia chiaro – chi è capace di prevedere il futuro: altrimenti tutti i profeti si arricchirebbero con il lotto, e dovremmo catalogare tra i profeti ogni sorta di cartomanti, maghi, astrologhi, lettori di fondi di caffè. Si può dire addirittura: chiunque asserisca di conoscere il futuro – ciò che accadrà tra cinque minuti o tra cinquemila secoli – è necessariamente un truffatore. "E se io prevedo", dice uno, "che questo sasso, lanciato in aria, ricadrà a terra?" Bravo: non hai predetto il futuro; hai detto, in realtà, che tutte le altre volte che un sasso è stato lanciato in aria – tutte le altre volte delle quali abbiamo conoscenza, beninteso – risulta che esso sia ricaduto a terra; e pertanto si ritiene molto probabile che, compiendo il medesimo gesto, le conseguenze saranno le medesime. Hai parlato al passato, insomma, non al futuro; hai proiettato il passato sul futuro; hai auspicato che il futuro ripeta il passato. Operazione, peraltro, ragionevolissima e fondamentale per ogni conoscenza che voglia dirsi scientifica. Ma la profezia non si occupa né del passato né del futuro. La profezia si occupa, in via esclusiva direi, del presente: del presente inteso come *occasione di discontinuità* tra passato e futuro.

Mi viene in mente un classico della letteratura fantascientifica, *Dune* di Frank Herbert; il cui protagonista, Paul Atreides, avendo – non sto a raccontare come e perché – una quasi perfetta conoscenza di ogni passato, ha il problema di inventare un futuro che non ne sia la mera ripetizione: ossia, appunto, di creare discontinuità. "Tu hai visto il futuro, Paul – disse Jessica. – Vuoi dirci quello che hai visto? – Non il futuro – replicò Paul – ma il Presente, l'Adesso" (Frank Herbert, *Dune*, Nord 1973, p. 456). O, se preferite qualcosa di meno pop, diremo che il profeta è capace di vivere heideggerianamente all'aperto, in quell'aperto dove l'essere appare qual è.

Il profeta è dunque colui per il quale, in qualsiasi momento, un atto di libertà è possibile. O, se preferite, è colui per il quale in qualsiasi momento un atto di speranza è possibile: il nesso tra speranza e libertà mi pare evidente. Qui, nella percezione che un atto di libertà e un atto di speranza sono possibili, nascono i gesti di grande coraggio. Nascono i grandi amori. Nascono le grandi intuizioni cognitive. Nascono le idee che guidano i popoli. Nascono le accettazioni estreme, come quella di Maria. Nascono i rifiuti estremi, come quelli dei martiri (da Stefano a Jan Palach). Eccetera.

Il profeta è colui che ha la mente sgombra. Ovvero: il profeta è uno scettico. Il profeta dubita del senso comune, cioè di ciò che tutti pensano e tutti credono vero – o abbastanza vero da non aver bisogno di un successivo esame. Il profeta dubita di sé e di tutto ciò che percepisce e pensa, e per questo ha percezioni reali e pensieri nitidi. Il profeta vede il presente, e nel presente vede la propria libertà e la propria responsabilità – e la libertà e responsabilità altrui. Il profeta non è quello che comunemente si dice "un invasato", anche se il senso comune – non comprendendone le azioni e i discorsi – può facilmente considerarlo un folle.

Il senso comune dice: la speranza è cieca. Il profeta, al contrario, è il portatore di una speranza non cieca; anzi di una speranza che, come si dice solitamente di tutt'altra cosa, ci vede benissimo. La capacità di profezia è la somma di speranza e lucidità. Il senso comune nega la speranza, o la cataloga tra le passioni folli e incontrollate, e sceglie la conservazione; il senso comune rifiuta il profeta, che è una lama tagliente, e si sceglie per capi i massaggiatori d'anime; il senso comune disprezza chi dice ciò che vede – e che tutti possono vedere, peraltro – e adora l'imbonitore che inventa e produce realtà illusorie. Il senso comune dice: quel che è, è da sempre, e sempre sarà, e mai cambierà; il senso comune dice: sappiamo tutti come stanno le cose; il senso comune dice, soavemente: lei m'insegna. Il senso comune, insomma, non è altro che uno dei volti del nemico – il suo volto più presente e minaccioso nel nostro tempo – perché negando realtà alle occasioni di discontinuità tra passato e futuro nega il presente e nega, come abbiamo già visto, la storia.

(Che poi il mondo e la storia siano pieni di falsi o illusi profeti; che poi il nemico scelga di presentarsi per lo più come vero profeta, come colui che veramente sa come stanno le cose – vedi l'offerta di *più felicità per tutti*, al capitolo 3 – questo è un altro discorso.)

I profeti sono persone completamente immerse nel tempo. E, considerando cosa mi pare sia il nostro tempo, mi arrischio a segnalare due profeti la cui *visione* è stata a me personalmente utile per comprendere il nostro tempo, e per immaginarlo non sotto il segno della fatalità ma sotto il segno della possibile discontinuità.

Il gesuita Friedrich Spee von Langenfeld (1591-1635) pubblicò nel 1531 un breve libro intitolato *Cautio criminalis*: nel quale dimostrava lucidamente come i processi contro maghi, streghe ed eretici – frequentissimi al suo tempo – seguissero procedure tali da portare inesorabilmente alla condanna di chiunque fosse denunciato da chiunque. La macchina della giustizia si era pervertita insomma, non occasionalmente ma strutturalmente, in una macchina di iniquità, utile solo – al di là delle intenzioni dei singoli magistrati o inquisitori – a procurare il terrorizzato consenso della popolazione, degli intellettuali e dei potenti. Di tanta lucidità il nostro Occidente, ossessionato dal "problema della sicurezza" e costantemente impegnato a scovare nuovi capri espiatori, avrebbe gran bisogno.

L'imprenditore Adriano Olivetti (1901-1960) mostrò, seguendo le orme del padre Camillo, come si potesse portare a grandi fortune economiche una industria senza perdere un grammo di rispetto per le persone che nell'industria lavorano, per il territorio nel quale l'industria sorge, per le istituzioni dentro le quali l'industria cresce. Di nuovo: di tanta speranza anche il nostro tempo, dominato dalla pura e semplice disumanizzazione spacciata per modernizzazione (*L'uomo è antiquato*, s'intitola con feroce ironia un saggio di Günther Anders, scritto ancora agli albori di tale dominio) avrebbe gran bisogno.

"Abile strategia, caro Mozzi: dei suoi due campioni di profezia, il primo è un gesuita, quindi un cristiano cattolicissimo, ma ribelle quanto basta (non tanto alla gerarchia della chiesa, quanto agli abusi del potere e alla cecità della ragione) per essere portato in società, soprattutto in un momento nel quale proprio la chiesa-organizzazione è vittima occasionale di cacce alle streghe; il secondo è un non-si-sa-cosa, figlio di una valdese a sua volta figlia di un pastore, e di un ebreo borghese, socialista e probabilmente ateo, effettivamente mitizzato come una sorta di santo laico dai tanti intellettuali che – bontà sua – stipendiò: Leonardo Sinisgalli, Giorgio Soavi, Franco Fortini, Giovanni Giudici, Paolo Volponi, Ottiero Ottieri, Geno Pampaloni... Ma io questi due, così al volo, più che *profeti cattolici* li chiamerei *coraggiosi illuministi*. Non le pare?"

Sì. D'accordo. Ma: in che cosa somiglia la creatura al creatore, se non proprio in questo avere, pur essendo immersa nel tempo, il genio di introdurvi delle discontinuità? Che cos'è il genio del profeta, se non il medesimo genio di chi in un *da sempre* inventò un *tutt'a un tratto*? In questo senso possiamo dire che nel profeta è il creatore che parla: perché quando il profeta vede e nomina e tenta di sfruttare una occasione di discontinuità, agisce come colui che è stato fatto a immagine e somiglianza del creatore. E che poi il profeta sia o non sia cristiano cattolico, che importanza ha? Lo spirito soffia dove vuole.

Pensate al cantico di Maria che si legge nel Vangelo di Luca: "Il Signore ha spiegato la potenza del suo braccio, ha disperso i superbi nei pensieri del loro cuore; ha rovesciato i potenti dai troni, ha innalzato gli umili; ha ricolmato di beni gli affamati, ha rimandato i ricchi a mani vuote". Sappiamo tutti che non è andata così: i superbi insuperbiscono, i potenti regnano, gli umili sprofondano; gli affamati muoiono, i ricchi gongolano. Ma la profezia di Maria – una ragazza qualunque, una ragazza completamente immersa nell'ordine sociale del suo tempo – dice solo che *un altro mondo è possibile*: e noi sappiamo che questo motto del nostro tempo è una semplice verità, un pensiero che solo a pensarlo modifica la vita, produce libertà di decisione e di azione, aiuta a cogliere le occasioni di discontinuità, a introdurre dei *tutt'a un tratto* in ciò che, ci si dice, è da sempre.

* * *

In un orizzonte secolarizzato come quello del mondo contemporaneo, il profetismo si manifesta come un fenomeno politico più che religioso, in circostanze ricorrenti. Ogni tesoro si consuma, se non è alimentato, anche quel tesoro d'esperienza che è la comunità. La minaccia interna dell'invecchiamento e del ripiegamento egoistico su di sé, abbinata a quella esterna di eventi catastrofici o influenze striscianti che mettono in pericolo l'identità comunitaria, inducono la percezione della crisi, e sono le crisi collettive che reclamano il profeta. Il profeta non è un teorico che fornisce modelli e ragioni ma un uomo d'azione che scuote il corpo sociale e addita il male da estirpare. Man mano che il profetismo europeo si allontana dalla originaria ispirazione cristiana (ancora riconoscibile in Girolamo Savonarola), il profeta chiede sempre meno la conversione dei cuori e sempre più la chiamata alle armi contro un avversario, naturalmente all'inizio in nome di Dio, poi di un Assoluto che pretende incarnarsi nella storia in forma di Stato Etico fino al puro e semplice "interesse nazionale". Da Thomas Müntzer e Oliver Cromwell, che vogliono una nuova Gerusalemme fertilizzata dal sangue dei nemici a Robespierre, Lenin, poi Mussolini e Hitler, fino alle attuali caricature di leader catodici o padani, ciò che sorregge il profetismo politico non è tanto la sua ideologia solitamente approssimativa, ma la facilità con cui addita il nemico da eliminare, il capro espiatorio con cui la comunità può assolvere se stessa senza doversi emendare: c'è sempre un peccatore, un nemico di classe, un avversario ideologico, una razza inferiore o un immigrato ingombrante purgata dai quali la comunità ritroverà pace e prosperità.

Uno dei motivi per cui sono cristiano, è che Gesù è colui che gli antichi profeti hanno annunciato, e dunque proprio lui ci ha insegnato a difenderci dai falsi profeti. In effetti, il profetismo religioso trova la sua espressione più pura nella storia del popolo ebraico. Quali sono le sue caratteristiche ricorrenti? Innanzitutto egli prende su di sé le colpe della comunità, come avviene col profeta Osea: "Quando il Signore cominciò a parlare a Osea, gli disse: Va', prenditi in moglie una prostituta e abbi figli di prostituzione, poiché il paese non fa che prostituirsi allontanandosi dal Signore". Egli è l'uomo mandato da Dio per redarguire il suo popolo, che si è allontanato dalle vie del Signore per vizio e superbia. Poiché l'amore e la predilezione di Dio per Israele sono stati traditi, l'adulterio è immagine frequente della colpa, mentre Israele è immagine dell'anima umana. Ma il profeta non si limita a minacciare: è la conversione che Dio chiede per bocca sua: "Perciò, ecco, la attirerò a me, la condurrò nel deserto e parlerò al suo cuore". Il deserto è isolamento, penitenza, purgazione, distacco da un senso comune che si è corrotto. Un mezzo, non un fine. Il saggio va sul monte o nel deserto per trarre dal tesoro della sua esperienza un consiglio, ma una comunità fuorviata non ha più saggi né tradizioni cui rivolgersi, la salvezza viene d'Altrove. Il profeta invita all'ascesi per liberare il cuore da ciò che l'ingombra e l'intossica, e lasciare posto alla Parola di Dio che salva. Così Giovanni il Battista, nel Vangelo di Matteo: "Portava un vestito di peli di cammello e una cintura di pelle attorno ai fianchi; il suo cibo erano locuste e miele selvatico. Allora accorrevano a lui da Gerusalemme, da tutta la Giudea e dalla zona adiacente il Giordano; e, confessando i loro peccati, si facevano battezzare da lui nel fiume Giordano". Ma, se il profeta regala una parola di speranza agli umili che chiedono l'aiuto di Dio, dispiace solitamente ai potenti, e soprattutto ai rappresentanti del potere religioso che sull'attuale ordinamento della comunità hanno costruito le loro fortune. Così, nessun profeta è morto nel suo letto ma tutti hanno bagnato di sangue i gradini del tempio, salvo poi vedersi elevare un monumento dalla generazione futura, che ha dovuto subire le conseguenze delle profezie inascoltate.

Gesù stesso si comporta come profeta (anche se la Sua presenza al mondo non può ridursi a questo, perché Egli è l'annunciatore della salvezza ma anche la salvezza medesima), quando invita al pentimento (ma elargisce il perdono), quando scaccia i mercanti dal tempio (ma addita il Figlio dell'uomo come tempio dell'Altissimo), e soprattutto quando prende su di sé le colpe della comunità, come vittima innocente e agnello sacrificale, smascherando una volta per tutte il barbarico rituale del capro espiatorio che, secondo l'antropologo René Girard, è alla base della religione pagana e di ogni meccanismo di auto-assoluzione comunitaria. Eppure Gesù dice che la sua venuta non segna la fine dei tempi: il mondo dovrà ancora molto vivere e patire prima che ogni cosa sia compiuta. Prima viene il tempo dei falsi profeti, che anziché volgere la comunità a Dio nell'unico modo possibile, emendandosi dal peccato e accogliendo la grazia del perdono, resuscitano il rituale pagano del capro espiatorio e rinnovano gli ambigui fasti dell'idolatria, magari inchinandosi non al vitello d'oro di Aronne, ma alle formule magiche di una tecnologia ultrapotente, cui ogni responsabilità umana viene sacrificata. Come riconoscerli? Basta paragonare il profeta presunto a Gesù, per accorgersi di chi è il vero e chi è il falso, e della differenza che c'è tra un Savonarola e un Cromwell.

Anche la Chiesa, come ogni comunità, ha bisogno di essere rinnovata nello Spirito, e dunque non può fare a meno del profeta. Dagli Atti degli apostoli apprendiamo che ogni comunità cristiana delle origini ne aveva uno. Ivan Illich direbbe che a maggior ragione ne ha bisogno, perché chi custodisce il dono più grande corre il più grande rischio: quello di organizzare una cinta muraria a difesa di quel dono anziché diffonderlo presso le genti, o di farne il fondamento e la giustificazione di un potere, pervertendone totalmente il significato.

10.
Perché tutto questo finirà in Gloria

Un decimo buon motivo per essere cristiani cattolici è che questo nostro mondo, questo mondo dei prima e dei dopo, sta viaggiando allegramente verso la propria fine, e noi con lui. Che cosa sarà precisamente questa fine, non è dato di saperlo. Possiamo immaginare che dopo questa fine non ci saranno più né prima né dopo; o che i prima e i dopo continueranno a esserci, ma per sempre. Le opinioni dei teologi sono, su questa materia, più divergenti che mai. Sembra assodato – per quel che si può assodare circa ciò di cui non si sa nulla – che vi sarà un giudizio: saranno giudicati i vivi e i morti. Sorge il problema, tuttavia, di immaginare se ogniqualvolta una creatura muore essa venga subito giudicata, o se le creature morte siano state e saranno stipate da qualche parte, in attesa di essere giudicate insieme a tutte le altre: il che genera l'ulteriore problema di immaginare dove mai sia, il deposito nel quale le creature morte vengono stipate nell'attesa, e di immaginare quali siano le condizioni, in quel deposito, della loro esistenza. In una delle *Operette morali* il terribile Giacomo Leopardi s'inventa che le mummie della collezione di Federico Ruysch – all'epoca un celebre sperimentatore di metodi per la conservazione dei reperti organici: quando morì, la sua collezione di corpi e organi, e naturalmente di mummie, fu acquistata dallo zar – si mettano una notte, per una favolosa coincidenza astrologica, a cantare; e cantano: "Cosa arcana e stupenda [cioè: che desta stupore] / oggi è la vita al pensier nostro, e tale / qual de' vivi al pensiero / l'ignota morte appar".

E quando, secondo la promessa, vi sarà il vero e proprio ritorno in vita dei corpi, questo ritorno in vita sarà per tutti? O sarà solo per i giusti? E questi corpi che avremo saranno gli stessi corpi, a ciascuno il suo, che abbiamo avuto nel mondo dei prima e dei dopo, o saranno dei corpi d'altra specie, nuovi, appositamente creati? E, se saranno i nostri vecchi corpi, proprio quelli, allora, con rispetto parlando, da dove li tirerà fuori il creatore? Il mio corpo morto, divorato dai batteri, scomposto nei suoi elementi, diffusosi in forma minima ed elementare dentro centinaia, migliaia, milioni di altri corpi viventi: come lo ricomporrà, il creatore? E: se uno era storpio, tornerà in vita storpio? Se era cerebroleso, tornerà in vita cerebroleso? Se un incidente gli avrà tolto un braccio, o l'uso delle gambe, riacquisterà il braccio perduto e l'uso delle gambe? Un giorno, racconta Luca nel suo Vangelo, alcuni sadducei – i sadducei, diversamente dai farisei, non credevano al ritorno in vita dei corpi – proposero un caso a Gesù di Nazareth: "C'erano sette fratelli: il primo, dopo aver preso moglie, morì senza figli. Allora la prese il secondo e poi il terzo e così tutti e sette; e morirono tutti senza lasciare figli. Da ultimo anche la donna morì. Questa donna dunque, nella risurrezione, di chi sarà moglie?"; la risposta di Gesù di Nazareth fu insieme chiara e oscurissima: "I figli di questo mondo prendono moglie e prendono marito; ma quelli che sono giudicati degni dell'altro mondo e della risurrezione dai morti, non prendono moglie né marito". E dunque? Abbiamo capito che *non sarà come qui*, ma *come sarà*?

E il famoso giudizio che ci attende, come possiamo immaginarcelo? Sarà un giudizio simile ai giudizi che ci facciamo tra noi qui sulla terra, con assoluzioni e condanne, con pene e risarcimenti, o sarà un'altra cosa? E se del creatore si dice, fin dai tempi antichi, che è giusto e misericordioso, allora questo evento finale sarà davvero un giudizio, o non sarà piuttosto un atto di misericordia, o sarà tutt'e due le cose? E in che cosa consisteranno i premi e le pene? Coloro che saranno trovati giusti, davvero vedranno il creatore faccia a faccia, e potranno conversare con lui come – dobbiamo pur immaginarcela, questa cosa – si conversa al bar? Coloro che non saranno trovati giusti, finiranno all'inferno? E il fuoco dell'inferno, è materiale o spirituale? E che cosa è mai, un fuoco spirituale? Il purgatorio, nel quale si trascorrerà eventualmente – si dice – *un certo tempo*, è dunque ancora collocato nel mondo dei *prima* e dei *dopo*, o sarà nel mondo del *per sempre*? E tutti questi luoghi, il paradiso l'inferno il purgatorio, saranno fisicamente da qualche parte? Se dobbiamo andarci con il nostro corpo appresso, che ha bisogno dello spazio come ha bisogno del tempo, dovranno pur essere da qualche parte! Agostino d'Ippona, che è considerato santo, parlava di una innumerevole "massa dannata" che sarebbe finita all'inferno; Hans Urs von Balthasar, uno dei maggiori teologi del Novecento, dice che possiamo sperare che l'inferno sia vuoto: chi ce la conta giusta?

Non ho nessuna intenzione di deridere tutto questo gran lavoro di ragionamento e di immaginazione. Lo stesso delirio che sembra attraversarlo è significativo. Io stesso mi ci perdo spesso e volentieri. Tentar di pensare la fine ci porta agli stessi limiti che abbiamo incontrati quando, nel primo capitolo di questo libro, cercavamo di farci un'idea dell'inizio: ma lì, almeno, potevamo appoggiarci su qualche favola consolidata, ormai interpretata e reinterpretata da millenni il pensiero della fine è più incerto, instabile, inattendibile, forse impossibile. In qualche modo riusciamo a figurarci che il creatore abbia, da sempre e tutt'a un tratto, creato questo mondo dei prima e dei dopo: perché l'esito di questo processo, ossia questo mondo dei prima e dei dopo, è qualcosa di cui abbiamo un'esperienza addirittura banale. Ma il processo speculare, ossia la creazione tutt'a un tratto e per sempre di un mondo nel quale si troveranno faccia a faccia le creature e il creatore, e nel quale pertanto dovranno convivere, e non si capisce come, i prima e i dopo e il per sempre: be', questo processo porta a qualcosa di cui non abbiamo la minima esperienza. È un mistero bello e buono. Non vedo l'ora di vedere com'è.

* * *

La sopravvivenza dell'anima dopo la morte è una di quelle credenze talmente universali che si faticherebbe a trovare un gruppo umano, dalle caverne in poi, disposto a negarla. L'origine di questa fede viene volta a volta riportata a tradizioni ancestrali, ma è facile per ognuno di noi accorgersi che essa nasce innanzitutto da una convinzione interiore, talmente profonda da potersi ritenere innata, che la cultura si limita a confermare. Questo, naturalmente, finché si giunge all'Occidente post-illuminista. Qui accade una cosa strana: il tribunale della ragione, cioè di una facoltà nata e cresciuta essenzialmente come metro di misura del mondo materiale per produrre strumenti a esso adattabili, giudica che tutto quanto sfugge alla propria presa pinzuta non esiste. Così non solo l'anima (di cui qualche illuminato chirurgo ha escluso l'esistenza pesando prima l'uomo vivo e poi il cadavere e mostrando che nei due casi la bilancia non subiva variazioni) ma anche cose come l'amore (ridotto a sublimazione dell'istinto sessuale) o la verità (ridotta a minimo comun denominatore delle opinioni correnti), sono espunte da un universo linguistico talmente pastorizzato da risultare perfettamente sterile.

All'orgoglioso ateismo ottocentesco di marca positivista, convinto che l'uomo potesse sopravvivere beatamente senza fede nell'immortalità, si contrapponeva già Nietzsche, il quale si beffava di coloro che brindavano a cuor leggero alla "morte di Dio". D'altro canto, basta considerarne le conseguenze sulla psicologia dell'attuale generazione per accorgersi di quella che Henri J. M. Nouwen chiama "la paralisi dell'uomo nucleare", il quale "ha perduto il senso della propria creatività, che sarebbe poi il senso dell'immortalità. L'uomo, quando non sa più guardare oltre la propria morte, mettendosi in rapporto con ciò che giace oltre lo spazio e il tempo della propria esistenza, perde il desiderio di creare e l'eccitazione di essere uomo" (*Il guaritore ferito*, Queriniana 1982, p. 18).

La credenza nell'immortalità è dunque saldamente radicata nell'essere umano, e lo determina anche nel suo cammino terrestre. Tuttavia, è solo l'incarnazione di Dio in Gesù Cristo che conferisce all'umanità una tale dignità da indicare come suo destino non la trasmigrazione dell'anima (che costituisce ancora l'orizzonte escatologico di un Pitagora o di un Platone), ma la resurrezione della carne. L'anima non è un pilota nella nave né uno spirito nella macchina (residui di una metafisica dualistica e in ultima analisi di un'imperfetta nozione della creazione divina), ma il principio spirituale che nel corpo si manifesta e si esprime: essa è per il corpo ciò che l'interno è per l'esterno, l'uomo è un soggetto indivisibile e dunque sarà un corpo che avremo nell'eternità. Un corpo trasfigurato, un corpo glorificato, di cui non possiamo immaginare le caratteristiche se non che per mezzo di esso continueremo a godere di quello che è il nostro modo proprio di conoscere, cioè quell'intelligenza senziente che forse ci è invidiata anche dagli angeli, salvo che, lasciato alle spalle il tempo dell'attesa, dell'ostruzione e dell'ambiguità, ogni altro sentimento sarà assorbito nell'amore del Bene in cui è ogni bene, cioè Dio.

Che avverrà, allora, di tutto ciò che non è amore, se nell'eternità non vi è posto che per esso? La parola "purgatorio" lo indica chiaramente: con grande sofferenza dovremo liberarci di ciò che avvince l'affetto e la mente a qualcosa di diverso dal Bene e dal Vero, e questo avverrà non in un tempo determinato (fuori da questo mondo non c'è più tempo), ma forse nell'istante di un trapasso che potrebbe essere paragonabile per intensità a ciò che è per durata un anno luce. Attenendoci alle immagini bibliche, le nostre opere saranno sottoposte alla prova del fuoco, dove ogni impurità sarà eliminata e rimarrà solo l'amore, come l'oro nel crogiolo. Con le parole di un grande teologo: "In questo fuoco avverrà la separazione misteriosa della personalità empirica negativa dalla 'immagine di Dio' e dalla 'somiglianza di Dio' che provengono da Dio stesso" (Pavel Aleksandrovic Florenskij, *La colonna e il fondamento della verità*, Edizioni San Paolo 2010, p. 246).

Cosa proveremo, in quel trapasso? Perché soffriremo? Un'idea ce l'avrei. So che significa tradire l'amore, disilludere le speranze che un altro essere umano ha riposto in noi, calpestare la sua innocenza e, improvvisamente risvegliati dal furibondo egocentrismo che ci aveva resi ciechi e sordi al suo affetto, guardarci per un istante nello specchio del suo doloroso stupore, realizzare il male che abbiamo fatto. Non è vero che in quel momento proviamo un dolore indicibile, un misto tra disprezzo per noi stessi e desiderio lancinante di riparare? Ma riparare del tutto è impossibile, la ferita è inferta: bisognerebbe che ciò che è accaduto non fosse accaduto. In quel momento siamo tentati dalla negazione, dal ricorso a una delle tecniche raffinate dell'oblio, o peggio ancora dalla razionalizzazione che minimizza, spiega, giustifica. Se non cediamo alla tentazione e assumiamo interamente il peso della colpa, non resta che la richiesta del perdono, alla luce di una verità che già per se stessa purifica. Proviamo a trasferire tutto questo dall'offesa fatta a uno dei nostri cari (pur sempre manchevole e peccatore come noi) all'amore puro e incondizionato di Gesù, che nell'orto degli ulivi ha pianto lacrime di sangue, implorando agli amici di vegliare con lui. Ma gli amici, uno dopo l'altro, si addormentavano. Lui restava in una solitudine che nessuno al mondo ha mai conosciuto e noi, noi siamo quelli che dormivano. Ecco, sarà il suo sguardo, quel giorno, ad accoglierci: non uno sguardo cupamente vindice, né freddamente disposto alla misura, ma sorridente nel perdono. Sarà il suo sguardo d'amore che non potremo sostenere, se non rinnegando le nostre impurità anche se questo significherà chirurgia dell'anima e dolorosa amputazione.

C'è un'altra possibilità: misconoscere quell'amore, rigettarlo come una provocazione inaccettabile. Ostinarsi nella difesa della propria identità psicologica anziché conformarsi all'immagine di Sé che Dio aveva posto in noi e che noi abbiamo seppellito come il talento della parabola, rifiutandoci di coltivarla, perfino nell'ultimo istante negando di riconoscerla. È ciò che nel Vangelo si chiama "il peccato contro lo Spirito", di cui si dice che "non sarà perdonato". Nessuno può essere redento se non lo vuole, e dunque l'inferno esiste come possibilità teologica, anche se per quanto ne sappiamo potrebbe pure essere vuoto.

Cosmologia grandiosa, ricca di suggestioni filosofiche, quella cristiana. Capace di ispirare due millenni di alta speculazione teologica e inarrivabili rappresentazioni artistiche, tra cui l'opera di Dante resta probabilmente insuperata. Capace di appagare l'intelligenza più acuta e la sensibilità più raffinata; eppure se mi guardo nel profondo non troverei in questo un motivo determinante per essere cristiano. Lo trovo invece in questa semplice verità, che già in prima elementare mi faceva venire le lacrime agli occhi: Gesù mi ha chiamato amico e fratello, ero perso nella campagna e mi è venuto a cercare. Nessun esercito ha bisogno di tutti i suoi soldati, nessun regno si eclissa per la mancanza di un suddito, nessuna festa si rimanda per la rinuncia di un invitato. Ma Lui si è curvato sulla buca in cui ero caduto, e non si è incamminato prima che mi decidessi a uscirne. Pare proprio che la festa non cominci senza di me.

Indice

dieci!

1. Isabella Marchiolo, *10 grandi donne dietro 10 grandi uomini*, prefazione di Alessandra Casella

2. Daniela Gambino, *10 gay che salvano l'Italia oggi*, prefazione di Matteo B. Bianchi

3. Valter Binaghi e Giulio Mozzi, *10 buoni motivi per essere cattolici*, prefazione di Tullio Avoledo

RIMMEL

narrativa italiana

1. Veronica Tomassini, *Sangue di cane*
2. Massimo Cassani, *Un po' più lontano*
3. Marco Bosonetto, *Nel grande show della democrazia*
4. Antonio Pagliaro, *I cani di via Lincoln*
5. Giulio Mozzi, *Il male naturale*
6. Paolo Grugni, *L'odore acido di quei giorni*
7. Michele Vaccari, *L'onnipotente*

Finito di stampare nel mese di giugno 2011
presso Arti Grafiche Umberto Soncini - Guastalla (RE)